1 MONTH OF
FREE
READING

at

www.ForgottenBooks.com

By purchasing this book you are eligible for one month membership to ForgottenBooks.com, giving you unlimited access to our entire collection of over 1,000,000 titles via our web site and mobile apps.

To claim your free month visit:

www.forgottenbooks.com/free1027538

ISBN 978-0-331-20646-3
PIBN 11027538

Schriften

des

Vereins für die Geschichte Leipzigs.

4.

Ed. Mangner:

Die Inquisition in der Leipziger Ratsfreischule.

———◆———

Leipzig, 1892.

Die Inquisition

in der Leipziger Ratsfreischule.

Ein Beitrag zur deutschen Schulgeschichte.

Mit den Bildnissen der Direktoren Plato und Volz.

Zur Feier

des hundertjährigen Bestehens der Anstalt

von

Eduard Mangner.

Leipzig
Verlag von Julius Klinkhardt.
1892.

Vereinsbericht.

Die Thätigkeit des Vereins für die Geschichte Leipzigs erstreckte sich auch in den letztverflossenen Jahren auf die Erforschung der Geschichte unsrer Stadt, die Pflege der Sammlungen und Studienausflüge in die engere und weitere Umgebung.

Besonders reichhaltig an wissenschaftlichen Vorträgen waren die Winterversammlungen unter der Leitung des bisherigen 1. Vorstehers, des Herrn Archivdirektor und Oberbibliothekar Dr. G. Wustmann. Zahlreiche interessante Vorlagen, Bücher, Manuskripte, Abbildungen, Autographen, Karten, Pläne, Skizzen, Münzen, Waffen, prähistorische Funde und dgl. wurden bei diesen Versammlungen und Vorträgen zur Ansicht dargeboten.

Von letzteren erwähnen wir folgende:

Herr Dr. Wustmann:

„Die Besitzverhältnisse der Grundstücke in der inneren Stadt Leipzig". — „Zur Leipziger Theatergeschichte im 17. und 18. Jahrhundert auf Grund der Stadtkassenrechnungen". — „Beiträge zur Geschichte der kurfürstlichen Bestätigungen der Leipziger Ratswahlen". — Ulrich Groß' „Beschreibung Leipzigs aus dem Jahre 1587". — „Die Maler Carl Heinr. Mylius, Paul Christ. Zink und David Heuer". „Siculs Annalen". — „Ältere Pläne zu einem Denkmal der Leipziger Völkerschlacht". — „Zur Geschichte der Leipziger Ratsverfassung im 15., 16. und 17. Jahrhundert". — „Zur Erbauung des Leipziger Rathauses". — „Bemerkungen zum Leipziger Fischerstechen". — „Die ältesten Abbildungen von Leipzig" u. a.

Herr Buchhändler Dr. Kirchhoff:

„Die Einrichtung des alten Leipziger Bürgerhauses". — „Die Vertreter des Leipziger Buchgewerbes im 16. Jahrhundert". — „Die Sittenpolizei, Kriminaljustiz und das Gefängniswesen in früherer Zeit in Leipzig". — „Die Naturalleistungen, welche vormals die Leipziger Bürgermeister aus den zinspflichtigen Dörfern und Grundstücken um und in Leipzig zu beziehen berechtigt gewesen". — „Beginn, Verlauf und Ende des Tabaksbaues in der Umgegend von Leipzig (Stötteritz)". — „Die Versuche des Kurfürsten August des Starken mit Ansiedelung französischer Kolonisten in Sachsen". —

Herr Rechtsanwalt Weiler:

„Mitteilungen über die ältesten Gerichtsbarkeiten und Gerichte in Leipzig und deſſen Umgebung bis zur Errichtung des Oberhofgerichts (1483)". — „Das vormalige Kurſächſ. und bez. Königl. Oberhofgericht zu Leipzig".

Herr Dr. Geß:

„Das Studentenleben Leipzigs im 15. Jahrhundert". — „Zur Geſchichte der Juden in Leipzig". — „Die italieniſchen Kaufleute Leipzigs im 17. Jahrhundert". — „Leipzig während der Beſetzung durch das Braunſchweigiſche Corps unter Herzog Wilhelm v. Braunſchweig-Lüneburg (Juni 1809)". —

Herr Oberlehrer Berlit:

„Mitteilungen aus dem Urkundenbuch der Univerſität Leipzig". — „Das Leipziger Stadtbuch oder Ratsbuch aus dem 15. Jahrhundert". — „Die Vornamen im alten Leipzig". —

Herr Dr. Glafey:

„Über die erſten Spuren einer Vertretung der Bürgerſchaft Leipzigs gegen den Rat der Stadt vom Sechzehner-Ausſchuß (1634) bis zum Sechziger-Ausſchuß". — „Der Sechziger-Ausſchuß im 30 jährigen Kriege". —

Herr Polizeihauptmann Zehl:

„Die Executivmannſchaft bei dem Polizeiamt Leipzig".

Herr Stadtrat Dr. Fischer:

„Aus dem Tagebuche des brandenburgischen Kanzlers Lampert Distelmeier".

Herr Stadtbibliothekar Dr. Kroker:

„Schilderungen der Drangsale Leipzigs während des 7 jährigen Krieges". (3 Vorträge.) — „Kuriositäten, merkwürdige Schaustellungen und Meßsehenswürdigkeiten in Leipzig vom 15.—18. Jahrhundert". (Das fahrende Volk der damaligen Zeit.)

Herr Dr. Jul. Vogel:

„Die Kunstsammlungen in Leipzig im vorigen Jahrhundert". — „Über einige ältere Leipziger Bilder im Städtischen Museum".

Herr Organist Bernhard Richter:

„Jacob Thomas (Thomasius), der Rektor der Thomasschule (1676—84)". —

Herr Eduard Mangner:

„Joh. Jacob Reiske, der Rektor der Nicolaischule (1758—74)". — „Zur Geschichte der Leipziger Winkelschulen". Beiträge zur Leipziger und deutschen Schulgeschichte. „Die Inquisition in der Leipziger Ratsfreischule".

Herr Lic. Seifart:

„Joh. Pfeffinger, Leipzigs erster Superindent (1539—73)".

Herr Lehrer Kurt Krebs:

„Zur Lebensgeschichte der Leipziger Künstler Geyser".

Herr Lehrer Ernst Gehmlich:

Der Humorist Christian Reuter und sein Lustspiel „Die ehrliche Frau" (1680) und dessen Roman „Schelmufsky". — „Die Anfänge des Volksschulwesens in der Ephorie Leipzig". —

Was 2. die Sammlungen anbetrifft, so hatten sich dieselben auch in den letzten Jahren reicher Zugänge zu erfreuen.

Eine außerordentlich große und schwierige Arbeit erwuchs den Herren Pflegern dadurch, daß das bisherige Lokal geräumt und die Bibliothek und die sämtlichen Sammlungsgegenstände in die eine Etage höher gelegenen neuen Räume geschafft und neu aufgestellt werden mußten. Nachdem die Hauptarbeit beendet, gehen die Pflegschaften an die Vervollständigung der Kataloge. Dem Publikum aber ist Gelegenheit geboten, die wertvolle und interessante Sammlung in schöneren Räumen und bequemerer Aufstellung in Augenschein zu nehmen. Ebenso steht die zahlreich vermehrte Bibliothek der Benutzung für Liebhaber der Stadtgeschichte und zu wissenschaftlichen Arbeiten offen.

Auch die Studienausflüge in die Umgebung Leipzigs brachten in den Sommerhalbjahren reiche

Ausbeute und fanden seitens der Vereinsmitglieder
immer lebhafte Beteiligung.

Zum Schluſſe dieſer kurzen Mitteilungen ſpricht
der Vorſtand des Vereins den hohen Behörden, ſowie
allen Schenkgebern den herzlichſten Dank aus und
bittet die mit ihm in Schriftenaustauſch ſtehenden
Altertums- und Geſchichtsvereine, wie unſere Mitglieder,
dieſen 4. Band der Vereinsſchriften, der zugleich als
Jubiläumsgabe der altehrwürdigen Leipziger Ratsfreiſchule dargebracht wird, freundlich entgegennehmen
zu wollen.

Der Vorſtand des Vereins für die Geſchichte Leipzigs.

Eduard Mangner,
Vorſteher.

Unter den zahlreichen Schulanstalten Leipzigs
erfreut sich die am 16. April 1892 ihr
hundertjähriges Bestehen feiernde Ratsfreischule des ehrenvollsten Rufes, weit über
Leipzigs Mauern und Sachsens Grenzen hinaus. Die
Namen Plato und Dolz, der ehemaligen Direktoren
der ehrwürdigen Anstalt, die ihr den guten Klang
verschafft, sind unverlöschlich in den Herzen aller derer
eingeprägt, die einst hier ihre Bildung genossen und
zum Fortkommen fürs Leben von treuen Lehrern ausgerüstet wurden. Hell leuchten die Augen aller
früherer Ratsfreischüler, wenn sie der geliebten
Bildungsstätte gedenken, in dankbarer Pietät pflegen
sie vereint die trauten Erinnerungen an die Schul-
zeit, beseelt von dem Wunsche, durch Aufrichtung
eines Denksteins die Stätte und die Männer zu ehren,
die so vielen Geschlechtern zum größten Segen geworden!

Aber auch der Freund unserer Stadtgeschichte
und des städtischen Schulwesens wie der deutschen
Schulgeschichte überhaupt, nimmt herzlichen Anteil an
dem Ehrentage einer Anstalt, die nach Superintendent Großmanns Ausspruch bei der 50jährigen Feier
im Jahre 1842 „der Vorläufer und Herold des
gesamten deutschen Bürgerschulwesens ge-

worden, die erste Stimme des beginnenden
frühlings einer höhern Volksbildung."

Ja, so unglaublich es uns bei dem jetzt so hoch
ausgebildeten Volksschulwesen Leipzigs erscheint, —
„das mit Recht als eine Zierde unserer städtischen
Einrichtungen betrachtet und von uns hochgehalten
wird" — (Worte des Oberbürgermeisters Dr. Georgi
aus seiner Ansprache in der ersten Sitzung der Stadt-
verordneten am 2. Januar 1892) — erst seit 100 Jahren,
erst seit Errichtung der Ratsfreischule, kann in Leipzig
von einer Volksschule im eigentlichen Sinne des
Wortes gesprochen werden. War der Zustand der
beiden seit Jahrhunderten hier bestehenden Gelehrten-
schulen, der Thomas- und Nicolaischule, überaus
kläglich, so müssen die den elementaren geistigen Bedürfnissen der Kinder des gemeinen Mannes dienenden
Winkelschulen geradezu als jammervoll bezeichnet
werden. (Näheres über das Leipziger Winkel-
schulwesen auf Grund archivalischer Quellen in Albert
Richters „Praktischem Schulmann", Jahrg. 1885.)

Die weitberühmte Universitäts- und Handelsstadt
Leipzig hatte vor 100 Jahren bei 32000 Einwohnern
für 6000 Kinder noch keine Volksschule!

Die Namen Müller und Rosenmüller, — des
Leipziger Bürgermeisters und des Superintendenten — sind untrennbar in Leipzigs Annalen ehrenvoll verzeichnet. Diese beiden großen Männer waren
es, die ergriffen von der geistigen Not des vernachlässigten unmündigen Volks und entflammt für die
philantropischen Bestrebungen für Hebung der unteren
Klassen durch besseren Unterricht und Erziehung, wie
sie sich allüberall in deutschen Landen in den letzten
Jahrzehnten des 18. Jahrhunderts Bahn brachen, sie
allein waren es, die mit rastlosem Eifer und alle ent-

gegentretenden Hindernisse überwindend, die Errichtung der ersten öffentlichen Volksschule in
Leipzig durchsetzten.

Der Geh. Kriegsrat Carl Wilhelm Müller, von
1778 bis zu seinem Tode (28. Febr. 1801) Bürgermeister und regierender Bürgermeister, hatte nach
Superintendent Körners Tode (1785) seinen ganzen
Einfluß geltend gemacht, Rosenmüller, der sich bereits
als pädagogischer Schriftsteller einen Namen gemacht,
als Mitarbeiter für seine Reformpläne von Gießen
nach Leipzig zu ziehen. Das Zusammenwirken dieser
bedeutenden Männer war sowohl für das darnieder-
liegende kirchliche Leben, wie für die so dringend nötige
Hebung des Schulwesens der Stadt, von epoche-
machender Bedeutung. Müllers geniale charakter-
volle Persönlichkeit, sein energisches, für Verbesserung
und Aufklärung wirkendes Schaffen, war aber so wenig
nach dem Sinne seiner dem alten Schlendrian ergebe-
nen Mitarbeiter, als Rosenmüllers rationalistische
Richtung. Im Rate, in der Geistlichkeit, im Konsistorium, hatten beide die heftigsten Widersacher. So lange
freilich Müller als das gefürchtete Oberhaupt der
Stadt das Regiment in selbständiger Weise führte,
wagte man sich weder an ihn, noch an seinen geistlichen
Freund. Beider Schöpfung, die in wenigen Jahren
unter ihrer treuen Fürsorge sich außerordentlich günstig
entwickelnde „weltberühmte Ratsfreischule",
stand unter dem persönlichen Schutze Müllers, der bis
zu seinem Tode die Vorsteherschaft führte. In Carl
Gottlieb Plato, Rosenmüllers ehemaligem Hauslehrer, hatte sie einen Direktor bekommen, der in
glühender Begeisterung und selbstloser Aufopferung
nur für das Wohl der ihm ans Herz gewachsenen Anstalt und die hohen Aufgaben der Menschenbildung

1*

lebte und wirkte. In den weitesten Kreisen und bei den bedeutendsten Staatsmännern und Pädagogen, die sie besuchten und eingehendst prüften, galt sie als nachahmungswürdiges Muster. Die aus Rosenmüllers katechetischem Seminar hervorgegangenen Lehrer und Mitarbeiter leisteten Hervorragendes durch ihr erzieherisches Geschick und ihre sorgfältig ausgebildete Methode — und zwar für äußerst kargen Lohn, zum Teil ganz unentgeltlich. Fast nur aus Spenden edler Menschenfreunde errichtet — Buchhändler Wendler, ein Landsmann Rosenmüllers, hatte bereits 1787 ein Kapital von 10000 Thalern zu einer Freischule für 60 arme Kinder vermacht — hatte die Anstalt von Anfang an mit der Unzureichenheit ihrer materiellen Mittel zu kämpfen. Kaum hatte aber ihr Schützer und Vorsteher, der regierende erste Bürgermeister Müller, die Augen für immer geschlossen, so regten sich auch sofort die Gegner seines Werkes; immer häufiger wurden die gehässigen Angriffe und ungescheut fanden sich anonyme Denuncianten und offene Angeber, welche die Schule und die in ihr gegebene religiöse Unterweisung als irrig und unlutherisch verdächtigten, damit den gehaßten Rosenmüller treffen und beide am liebsten beseitigen wollten.

Schon im Jahre 1795, da Plato als besoldeter Direktor angestellt worden war, hatten die Feinde der Freischule, die sie als Freigeisterschule verdächtigten, Leute in die Sonntagsexamina der Anstalt geschickt, die aufpassen mußten, ob etwas heterodoxes vorkomme. Auf Grund dieser Niederschriften war dann eine Denunciation beim Kirchenrate in Dresden eingereicht worden, die zur Folge hatte, daß der Rat alle bisher von ihm selbständig angestellten Lehrer der Freischule nachträglich zur Prüfung und Konfirmation präsentieren mußte. Allwöchentlich fand seit jener Zeit im Konsistorium selbst, gewöhnlich mit der ersten Mädchenklasse, die sog. „Consistorial-Katechese" statt, zu der der Superintendent den Text bestimmte. Die ersten 5 Lehrer, Dir. Plato, M. Dolz, M. Döring, M. Pohle und Schaarschmidt waren im Konsistorium präsentiert, examiniert und konfirmiert worden. Die übrigen (4) waren dies nicht, genossen außerordentlich wenig Honorar und hatten auch keine Wohnung vom Rate. Hatte Plato noch 5 Jahre früher 16—20 tüchtige freiwillige Mitarbeiter gehabt, so waren solche der traurigen Verhältnisse und fortwährender Chikanen halber, nicht mehr zu erlangen.

Es war immer Platos stiller Wunsch und Absicht gewesen, in Verbindung mit Dolz junge Studierende heranzuziehen, „zu einem schönen stillen Seminar für alle Anstalten E. E. Raths in der Stadt, aus welchem bey vorkommenden Veränderungen sogleich gute praktische Lehrer ausgehoben werden könnten."

Jetzt wollte der Vicedirector Dolz für das geringe Gehalt der Anstalt nicht mehr dienen, schon vor Müllers Tod konnten die Stellen nicht mehr alle besetzt werden, neue Lehrer wurden nicht angestellt, die Schule und die Klassen waren überfüllt, auf Plato lag eine Arbeitslast, die ihn zu Boden drückte, lag die volle Verantwortung für die Anstalt. Um nur einigermaßen die Klassen zu besetzen, erteilte er selbst täglich gegen 6 Stunden Schule, dazu die vielen schriftlichen Arbeiten, die täglichen Sittengerichte, der Verkehr mit den Eltern, Aufstellung der Pläne, der Methode, die Unterweisung der jüngeren Lehrer, — es war eine Lage, die dem opferfreudigen Manne zuweilen allen Lebensfrohsinn raubte. Und alle diese Mühen und Sorgen die ersten 4 Jahre für 150 Thaler fixum,

später bis 600 Thaler Gehalt. Kein Wunder, daß er
trotz peinlichster Sparsamkeit in Schulden geriet, aus
denen er sich auch durch die Erträge der wenigen
litterarischen Arbeiten, für die ihm keine Zeit blieb,
nur schwer heraushalf. Ja, um nur die Anstalt auf-
recht zu erhalten, unterstützte Plato aus eigenen Mitteln,
von seinem „sauern Verdienste," arme Mitarbeiter
durch monatliche Beiträge — ohne sie schließlich halten
zu können. Rührend sind seine Darstellungen und
Bitten an Müller, die Anstalt, die doch so viel Gutes
bewirkt, doch nicht sinken zu lassen und sich derselben
als seines selbst erzogenen Kindes, das bisher wirklich
doch nicht undankbar gewesen, noch einmal väterlich
anzunehmen,

> „da die ganze arme Freyschule — von dem
> übrigen Senate bisher verwayßt gelassen,
> Dieselben als ihren Einzigen Vater und Pro-
> tektor"

dankbarst verehrt und verehren wird.

Eben so wahr und rückhaltslos schildert Plato
den Zustand und den „unter diesen Umständen un-
ausbleiblichen Verfall der guten Freyschule" dem
neuen an Müllers Stelle getretenen Vorsteher.
Dieser war freilich noch viel weniger in der Lage,
gegen das unaustilgbare Übelwollen des Rats anzu-
kämpfen.

Glücklicher Weise aber hatte die Freischule nach
Müllers Ableben in der Person des Kauf- und Handels-
herrn und Mitglied des Rats Justus Heinrich Hansen
einen Vorsteher erhalten (derselbe war am 19. März
1801 feierlich eingeführt worden), wie er als Nach-
folger nicht besser hätte gefunden werden können.
Alles, was wir aus seiner Amtsführung über die
„Freyschule" und das ihm ebenfalls übertragene

„Waysenhaus" kennen*), erfüllt uns mit hoher Achtung für diesen Mann, der rastlos uneigennützig „mit mancher Aufopferung in dem eigentlichen wahren Dienste Gottes und der Tugend gearbeitet, — so manches manches Gute angereget, befördert und gerettet, — so manche manche stille Thräne!! edel und theilnehmend getrocknet, — so manches jetzt noch unsichtbare Samenkorn zu künftiger Menschenbeglückung der Erde Gottes hoffnungsvoll" anvertraut (Schreiben Platos, Sylvester 1802). Hansen erschien dem treuen Plato „als ein Engel Gottes und als sein wichtiges Werkzeug nicht nur in unserer kleinen Anstalt, sondern auch in dem großen gemeinen Wesen."

Die Freischule hätte wohl kaum den jetzt über sie hereinbrechenden Sturm überdauert, wenn ihre Leitung in dieser kritischen Zeit nicht in den Händen des ehr-

---

*) Aus einem Briefe Platos an J. H. Hansen vom 24. Mai 1801.

„— — — Nein, ich und unsere ganze Freyschule erkennen es mit dem gerührtesten Danke, daß Sie, so lange Sie unser Vorsteher sind, Alles Alles gethan haben, was sich unter diesen Umständen für eine seit vielen Jahren vernachlässigte arme Schulanstalt nur thun ließ. Daß ich aber, der seit 10 Jahren so traurige Erfahrungen aller Art unter den einem redlichsten Menschen möglichsten Aufopferungen gemacht hat, dessen gerechteste öfters wiederholte Bitten und uneigennützige Wünsche unerfüllt blieben, in ein Collegium, das in der nemlichen Stadt lebt und Alles sehen und hören kann, mißtrauisch werden mußte, ist Verehrungswürdiger Herr Baumeister, warlich einem Manne in meiner Lage sehr verzeihlich. Oder sollte auch die Eine Stimme so Vieler Tausende in unserer Stadt strafbar seyn, welche laut, laut sagen: Nur Zwei Männer sind es gewesen, die bis jetzt sich so thätig und unermüdet der gemeinnützigsten Anstalten angenommen, mit einem Enthusiasmus und uneigennützig väterlich angenommen haben? —

lichen, freimütigen und unerschrockenen Hansen gelegen
hätte.

Einen Einblick in diese unerquicklichen Verhältnisse gewährt uns ein kurz nach Müllers Tode ano-
nym erschienenes Schriftchen, das wir in Hansens
Privatakten eingeheftet finden und das die Zustände
jedenfalls richtig beleuchtet. Wohl nur diesem glücklichen Zufall und der Gewohnheit Hansens, wichtige
auf die Anstalt und den sie betr. Prozeß bezugnehmende
Darlegungen mit seinen eigenen Notizen seinen Privatakten einzuverleiben, verdanken wir die Erhaltung der
kleinen Broschüre, die gänzlich unbekannt geblieben sein
muß, da sie Dr. Wustmann unter den nach Müllers
Tode veröffentlichten Nekrologen, Biographien und
dergl. in seinem Artikel „Bürgermeister Müller" (S.
Schriften des Vereins für die Geschichte Leipzigs III,
G. Wustmann, Aus Leipzigs Vergangenheit, p. 376)
nicht mit aufführt.

Sie ist betitelt:

„Erinnerung an die Verdienste, welche sich
der verstorbene Churf. Sächs. Geh. Kriegsrat und
Bürgermeister D. Carl Wilhelm Müller um Leipzig
erworben hat." Altenburg und Erfurt, bei Rink
und Schnuphase. 1801.

Der unbekannte Verfasser wendet sich als „ein ganz
unpartheyischer Mann" an die Einwohner Leipzigs, sie
daran zu erinnern, was sie dem am 28. Februar dess. J.
verstorbenen Bürgermeister verdanken, um sie vor Un-
gerechtigkeit gegen denselben zu bewahren. „Zugleich
möchte ich auch denenjenigen, die nun an seine Stelle
treten, und die Macht und das Ansehen, das er seit
längerer Zeit in und über Leipzig besaß, unter sich
theilen werden, die gewissenhafte Fortsetzung des
Guten empfehlen, das er angefangen hat" (p. 4).

Für unsere Zwecke kommt die folgende Stelle in Betracht (p. 18 ff.):

„Daß der verdiente und verehrungswerthe D. Rosenmüller, dessen erbauliche und sachliche Vorträge von den meisten Einwohnern Leipzigs so gern gehört werden, in Leipzig ist, war hauptsächlich sein Werk; und wie viel hat dieser edle aber oft verkannte Mann schon für den bessern Unterricht der niedern Volksklassen gewirkt. Diese beiden Männer schätzten und liebten einander als Freunde; sie arbeiteten aber auch mit vielen Kräften für die Kinder der armen vernachlässigten niedern Stände einen bessern Unterricht auszumitteln und die bekannte Freischule zu errichten. Diese Anstalt ist für Leipzig eine große Wohlthat und hat schon sehr viel Gutes gestiftet, und es ist zu erwarten, daß sie auch künftig noch viel Gutes stiften werde. Man darf diese Hoffnung um so mehr haben, je mehr man erwarten kann, daß die Fehler und Mängel, welche jede neu-errichtete Anstalt dieser Art anfangs noch an sich hat, nach und nach werden verbessert werden. Natürlich kann man hier nicht auf einmal die höchste Stufe der Vollkommenheit erreichen, und es gehören die Erfahrungen mehrere Jahre dazu, um in die ganze Organisation einer solchen Anstalt völlige Festigkeit und Bestimmtheit zu bringen. Bis jetzt hat man über diese Anstalt die kurze Zeit ihrer Existenz in Leipzig sehr widersprechende Urtheile hören müssen. So sehr man sie bei ihrer ersten Einrichtung prieß und für sie eingenommen war, so sehr tadelt man sie jetzt und verkennt oft das gute Gute, das sie wirklich stiftet. Beides ist unrecht, aber nach dem gewöhnlichen Laufe der Dinge. Eine neue Anstalt von solchem Umfange kann bey ihrer ersten Entstehung nicht alle Vollkommenheiten in sich vereinigen und daher ist auch nicht zu verlangen, daß

man ihr sogleich einen unbedingten Beyfall schenke.
Es muß da im Anfang noch manches geschehen, was
nur die Aufmerksamkeit des Publikums erweckt; allein
nach und nach wird und muß dahin gearbeitet werden,
den Beyfall der Verständigern vorzüglich zu erhalten,
den diese einer wirklich nützlichen Anstalt nicht versagen
sollen, gesetzt auch, daß manche Nebenumstände nicht
zu billigen wären.   Nicht so denkt man in Leipzig.
Die freischule hat seit mehreren Jahren bewiesen, was
sie zu leisten im Stande ist, da unter den jungen Christen,
welche jährlich aus derselben kommen, mehrere sehr gut
und besser, als sonst, unterrichtet sind, und es ist zu
hoffen, daß die Zahl der Unwissenden oder der Halb-
wisser in derselben künftig sich immer mehr ver-
mindern werde. Dies wird aufrichtiger geschehen können,
wenn man der Anstalt ein allgemeineres Zutrauen
schenket und diese ungestörter einen festen Plan befolgen kann! Daß aber die freischule ein allgemeineres
Zutrauen von Leipzigs Bürgern verdiene, sieht jeder Unpartheyische.   Denn der Unterricht, den die Kinder
da erhalten, ist gewiß gründlicher und für das ganze
Leben brauchbarer, als der, den sie in den gewöhnlich
sehr elenden Winkelschulen oder von den Stu-
direnden erhalten können, die an gemeinen Bürgers-
kindern gemeiniglich die erste Probe machen und da
erst lernen, wie man bey dem Unterrichte nicht verfahren
muß, wenn er nützlich werden soll.   Außer Leipzig
schätzt man die freischule als eine der bessern Schulanstalten, die ihrer Größe wegen als ganz freie Schule
keine ihres gleichen hat; aber das ist das gewöhnliche
Schicksal alles Guten, daß es in der Nähe übersehen
wird.   Ein Prophet gilt nirgends weniger als in seinem
Vaterlande.
     So wie die freischule eine große Wohlthat für

Leipzig ift, fo ift es auch die Arbeitsfchule. Möchte man in allen größern und kleinern Städten dergleichen Arbeitsfchulen haben, fo würden nicht fo viele Kinder unbefchäftigt bleiben und zum Bettelngehen genöthigt fein. Auch diefe Schule verdankt dem G. Kr. R. Müller vorzüglich ihr Dafeyn, fo wie überhaupt alle die nützlichen und höchftnöthigen Veränderungen, die feit einigen Jahren in und an dem Zuchthaufe und mit den Wayfenkindern gemacht worden find, wo immer noch manches zu verbeffern übrig ift. Denn wenn auch die beiden für alles Gute und befonders für die Erhaltung einer wachfamen Polizei fo thätigen Brüder Hanfen hier ihren Gemeinfinn vorzüglich beurkundet und gezeigt haben, wie weit der praktifch erzogene und gebildete Gefchäftsmann den Gelehrten bei Ausführung nützlicher Vorfchläge übertreffe, allein ohne Müllers Anfehen nnd Unterftützung würden fie doch nicht fo weit kommen feyn."

Und zum Schluß der kleinen Brofchüre p. 23 und 24: „Der verftorbene G. Kr. R. Müller hatte noch manche für Leipzig wohlthätige Plane, die er gern ausgeführt hätte, wenn ihm der Tod nicht zuvorgekommen wäre. Sein Tod wäre noch mehr zu beklagen, wenn nun die zum Theil fchon angefangenen nützlichen Anftalten nicht vollendet würden, weil fie von ihm angefangen wurden. Allein fo etwas von den Männern, die künftig feine Macht und fein Anfehen theilen werden und die ehemals die treuen Gehülfen Müllers bey der Ausführung feiner wohlthätigen Plane waren, nur argwohnen wollen, wäre in der That für fie eine große Beleidigung. Nein! von allen den Männern, die Leipzigs Bewohner jetzt als die Väter ihrer Stadt verehren, von einem Hermann, welcher nun an der Spitze diefes ehrwürdigen Collegiums fteht, kann man die fefte Über-

zeugung haben, daß sie wissen, was sie dieser Stadt
und ihren Bewohnern schuldig sind; daß sie einsehen,
sie seyen nicht Besitzer sondern nur Verwalter alles
dessen, was zu dem Gemeinwesen der Stadt Leipzig
gehört; daß sie fühlen, es sey ungerecht und treulos,
wenn sie nur für sich und für ihre Familie, nicht aber
für das Wohl der Stadt sorgen; daß sie zu gewissenhaft
sind, als daß sie sich nur besolden lassen, aber nichts
wesentlich vortheilhaftes für die Stadt thun sollten.
Sie müßten ja befürchten, sich vor den Bewohnern
Leipzigs und vor allen den vielen tausend Fremden,
die jährlich in und außer der Messe nach Leipzig kommen,
als Männer zu beschimpfen, die keinen Sinn für gemeinnützige Anstalten und nöthige Verbesserungen
hätten, wenn sie die von Müller gemachten Anstalten
nicht ferner thätig unterstützen, die angefangenen,
wie z. B. die große Bürgerschule u. a. nicht fortsetzen
und mit neuen vermehren wollten. Denn es ist zu
bekannt, was bisher geschehen ist, und es würde zu sehr
auffallen, wenn nun nichts mehr, oder weniger als
sonst geschähe. — Die sämmtlichen gegenwärtigen Mitglieder des Leipziger Rathes sind einsichtsvolle, gut-
denkende und verdienstvolle Männer, von denen man
erwarten kann, daß sie immer auf das Beste ihrer Stadt
sehen und nie schlechte und unwürdige Mitglieder unter
sich aufnehmen und dulden werden. Daher kann man
sicher hoffen, die wohlthätigen Bemühungen Müllers
werden noch lange Segen über Leipzigs Bewohner
verbreiten. Möge allen, die künftig seine Würden be-
kleiden, sein Gemeinsinn und seine rastlose Thätigkeit
Gutes zu wirken, so lange es Tag ist, beleben!" —
Die Befürchung, daß nach Müllers Tode so manches
anders werden würde, sollte sich bald erfüllen. Eifer-
sucht, Neid und andere niedere Absichten hatten schon

bei Lebzeiten des großen Mannes Verdienste verkleinert.
Müller war eine vornehme Natur, ein Freund der
Künste und Wissenschaften, Mäcen der Gelehrten und
Künstler und dabei ein praktischer Geschäftsmann, der
das große Gemeinwesen einsichtig und energisch leitete. Daß er bei manchen als herrschsüchtig und stolz galt,
kann bei einer so charaktervollen Persönlichkeit nicht
wunder nehmen. Fanden seine wohlgemeinten und
richtig berechneten Unternehmungen Hindernisse und
Schwierigkeiten, so setzte er sich mutig über dieselben
hinweg. Durch sein Ansehen im Ratscollegium, namentlich als ältester Bürgermeister brachte er in kurzer
Zeit Verbesserungen zu stande, die entweder nicht oder
nicht so schnell erreicht worden wären, wenn mehrere
Parteien im Ratscollegium bestanden hätten. Das
war unter Müller nicht der Fall. Man fügte sich der
bessern Einsicht, dem guten Willen, der nichts mit
Laune und Willkür gemein hat. Freilich zog sich Müller,
bei dem die Vorzüge des Standes und Vermögens
ohne persönliches Verdienst wenig galten, Haß und
Feindschaft zu durch seine Wahl und Verwendung
der in den Magistrat Berufenen,

„indem er die Söhne aus angesehenen Familien
zurücksetzte, weil sie ganz und gar die Eigenschaften
nicht hatten, welche die Väter einer angesehenen Stadt
haben sollten, und wählte junge Männer voll Einsicht und Eifer für die gute Sache. Sehr übel wurde
ihm dieses freilich von solchen jungen Herrn ausgelegt,
die alles zu wissen meynen, ohne viel gelernt zu haben
und für nichts Sinn besitzen, als für ihr Vergnügen
und ihre werthe Person; sehr übel wurde ihm dieses
auch von den Vätern, Müttern, Tanten und allen
Verwandten genommen, welche es gern gesehen hätten,
wenn auch ein Glied aus ihrer Familie unter den

Leipziger Rathsherren aufgeführt worden wäre; aber Müller achtete diese Feindschaft nicht 2c." (p. 7).

Besonders verhaßt gemacht in gewissen Kreisen hatte sich die Freischule durch eine Art Kinder- oder Schulgottesdienst, — die sonntägigen Katechisationen, — die im Schulsaal abgehalten wurden und an denen auch Erwachsene gern teilnahmen, weil die Gegner meinten, dadurch dem öffentlichen Gottesdienste Abbruch gethan werde.

Kritisch und den Fortbestand der Schule bedrohend sollte ein Ereignis werden, das über die Anstalt eine langwierige Untersuchung heraufbeschwor, die ganz Leipzig aufs tiefste erregte und in den gelehrten Kreisen Deutschlands das größte Aufsehen hervorrief: „Die Inquisition" in der Leipziger Ratsfreischule, wie Direktor Plato und die Berichterstatter auswärtiger Blätter, den interessanten Prozeß bezeichnen, und den wir jetzt in seinen Einzelheiten verfolgen wollen. Die Veranlassung zu demselben gab M. Commatzsch, der zum Pfarramt nach Liebstädt und Goldbach berufen, bei seiner Confirmation im Leipziger Konsistorium, unzweifelhaft aus dessen Mitte hierzu veranlaßt, eine Denunciation einreichte und die Schule nach Befund einer daselbst von ihm gehaltenen Katechisation socinianistischer Irrlehren beschuldigte.

Wir folgen dem Verlaufe der Verhandlungen, die für die allgemeine wie spezielle Schulgeschichte äußerst interessantes und bedeutsames Material zu Tage gefördert hat, in der Hauptsache nach den nachbezeichneten, dem Leipziger Ratsarchive entnommenen, offiziellen Quellen:

1.)

Acta

die angeordnete nähere Unterſuchung eines im Julius vorigen Jahres bey einer Catechiſation in hieſiger Freyſchule vorgekommenen anſtößigen Er-eigniſſes, und was dem anhängig betr.

Anno 1801.

Eingegangen
bey der Rathsſtube zu
Leipzig.

Stift.
VIII. E. 10.
(VII. B. 73. Copia Actorum „Die angeordnete nähere Unter-
ſuchung" ꝛc.)

2.)

Acta privata

das gnädigſte Reſcript d. d. 15. Juny 1801 und die darinnen enthaltene den Lehrern der Freyſchule angedichtete irrige Lehren in Religions-Sachen betr.

Dieſes Faſcicul wird nicht
abgegeben, ſondern bleibt als
mein Eigenthum, bey meiner
Bibliothec.   Nachrichtl.

angelegt von dem jeßigen
Vorſteher Juſtus Hein-
rich Hanſen.

Zum geheimen Archiv abgegeben durch
Dr. Seeburg.

Stift. VIII. E. 4ᶜ.

3. und 4.)

Acta privata

die Vorſteherſchaft der Frey-Schule
betr.

Vol. I. und II.

Stift.
VIII. E. 6ᵇ.

angelegt von dem Vorſteher
Juſtus Heinrich Hanſen.

M. Lommatzſch' Anzeige an den Kirchenrat.

Zu derſelben bemerkt im Repertorium ſeiner Akten der Vorſteher der Ratsfreiſchule J. H. Hanſen: „Dieſe ungegründete und nach Verlauf eines halben Jahres nach dem Tode des redlichen Stifters der bey vernünftigen Männern beliebten Freyſchule, angeſtiftete und eingereichte denunciation, war die Quelle aller Verfolgungen, deren Lügen ſich aber in den folgenden Schriften offenbart hat."

Durchlauchtigſter ꝛc.
Gnädigſter Fürſt und Herr.

Ew. ꝛc. haben mir gnädigſt zu befehlen geruht, dasjenige ſubmiſſeſt einzuberichten, was bey meiner Katechiſation in der Freyſchule zu Leipzig, vor meiner Confirmation zum alleinigen Beſitze des hieſigen Pfarramtes nach meines Senioris Carl Heinrich Schadens Tode, vorgefallen ſey.

Ich gehorche hiermit dieſem höchſten Befehle in unterthänigſter Devotion, und bekenne, Höchſtderoſelben huldreichſter Aufforderung gemäs, alles ſo, wie ich es vor Gott und meinem Gewiſſen zu verantworten gedenke.

Es war am 17. Juli 1800, nachmittags 1 Uhr, als dieſe Katechiſation unter der officiellen Aufſicht des Superintendenten D. Roſenmüller in der 1. Knabenklaſſe gehalten wurde. Ich hatte von Herrn D. Roſenmüller den Spruch Matth. 5, 20 Es ſei denn euere Gerechtigkeit beſſer, denn der Schriftgelehrten und Phariſäer, ſo werdet ihr nicht in das Himmelreich kommen, zur Aufgabe erhalten und über ihn entſpann ſich dann, nach Vorausſchickung einiger zur Beſtimmung des Zuſammenhangs nöthigen Bemerkungen, folgende

Unterredung, die ich in Frage und Antwort hierher
setze:

1. Frage an den ersten Knaben:
   Was verstehst du unter Gerechtigkeit?
Antwort: Tugend.

2. Fr. Wie kommt es, daß du Gerechtigkeit
Tugend nennst?

A. Weil Gerechtigkeit nichts anders ist, als das,
was recht ist und das ist ja Tugend.

3. Fr. Tugend ist also nach deiner Angabe das,
was recht ist, oder bestimmter?

A. Übereinstimmung unserer Handlungen mit
dem Sittengesetz.

4. Fr. Was hast du für ein Sittengesetz in Gedanken?

A. Handle gut, weil es gut ist.

5. Fr. (an den 2. Knaben): Was hast du für
eines?

A. Handle gut, weil es gut ist.

6. Fr. Wer hat die Worte gesagt: Es sei denn
eure 2c.

A. Jesus.

7. Fr. Nun, so müßen wir ja wohl bey dessen
Sittengesetz bleiben, und wie heißt das?

Der Knabe antwortete hier, ohne gefragt zu seyn,
mit einer gewißen Selbstgefälligkeit:

Was du nicht willst, das dir die Leute thun sollen,
das thue ihnen auch nicht.

8. Fr. Das hat Jesus Christus gesagt, aber es
ist nicht sein Haupt-Sittengesetz; und überhaupt wollte
ich auch von dir die Antwort nicht wißen. Ich frage
daher dich, den dritten Knaben: Wie heißt das Haupt-
Sittengesetz Jesu Christi unsers Herrn?

A. Was du nicht willst 2c.

9. Fr. Du haft schon gehört, daß ich das verwarf. Ist dir kein anderes bekannt, weißt du nichts von der rührenden Gleichnißrede, die unter dem Namen des Evangeliums vom barmherzigen Samariter so bekannt ist? — (Es wurde diese Geschichte ganz kurz erzählt). — Was für ein Gebot sucht Jesus Christus hier einzuschärfen?

A. Das Gebot von der Nächstenliebe.

10. Fr. Was ist denn das aber für ein Gebot, ein Hauptgebot oder was sonst für eines?

A. Ein Hauptgebot.

11. Fr. Und dieses heißt?

A. Liebe deinen Nächsten als dich selbst.

12. Fr. Sollen wir denn aber bloß unsern Nebenmenschen lieben? oder giebt es außer den Menschen noch ein anderes, höheres Wesen, das wir auch lieben sollen?

A. Ja, wir sollen auch Gott lieben.

13. Fr. Und zwar?

A. Über alles.

14. Fr. Wie wird also wohl das Haupt-Sittengesetz des Christenthums heißen?

A. Liebe Gott über alles und deinen Nächsten als dich selbst.

Als diese Antwort des dritten Knaben heraus war, fing der erste wieder, ohne gefragt worden zu seyn, mit vieler Naseweisheit sogleich an, das Wort zu nehmen und sagte: „Ja darinnen, in dem Sittengesetze: Liebe Gott über alles 2c. wird das noch nicht gesagt, was durch das ausgedrückt wird: Handle gut, weil es gut ist. Jenes Sittengesetz: Liebe Gott 2c. liegt vielmehr in dem letztern auch mit." Ich wandte mich daher mit der Frage an ihn:

15. Fr. Diese Worte: „Liebe Gott über alles, und deinen Nächsten als dich selbst" — hat ja aber Jesus Christus, unser Herr, selbst gesagt, und wie? dieß sein Sittengesetz sollte schlechter seyn als das deine: Handle gut, weil es gut ist? — Was meinst du?

A. Das konnte Jesus damals noch nicht sagen; sie waren damals noch nicht so weit.

16. Fr. Was denkst du denn von Jesu Christo?

A. Er war ein Mensch, mit vorzüglichen Gaben des Verstandes und Herzens ausgerüstet.

17. Fr. Nichts weiter? Er nennt sich ja Gottes Sohn?

A. Ja, das ist ein hebräischer Ausdruck und bedeutet weiter nichts, als einen Liebling Gottes.

18. Fr. Dieß bedeutet zuweilen in der heiligen Schrift dieser Ausdruck. Allein Jesus Christus nennt sich Gottes Sohn auf eine ganz ausgezeichnete Art. Er nennt sich den eingeborenen Sohn Gottes. Was sagst du dazu?

A. Das ist wieder ein hebräischer Ausdruck und bedeutet einen vorzüglichen Liebling Gottes, und so konnte sich auch Jesus wegen seiner vorzüglichen Gaben des Verstandes und Herzens nennen.

19. Fr. Er wird aber in der heiligen Schrift auch Gott genannt, und er selbst suchte durch Berufung auf Weißagungen und Wunder darzuthun, daß er mehr, weit mehr sey, als der vorzüglichste Mensch. Was meinst du davon, was glaubst du von den Wundern und Weißagungen?

A. Wunder und Weißagungen braucht man nicht anzunehmen; wenn man nur sonst ein guter, moralischer Mensch ist.

20. Fr. Dies war keine Antwort auf meine Frage. Ich will wißen, für was du die Wunder und Weißagungen hältst?

2*

A. Wir wissen nicht, ob die welche sie erzählen, betrogen worden sind, oder ob sie uns haben betrügen wollen.

Diese Antwort machte bey der ganzen Versammlung von Erwachsenen eine merkliche unangenehme Sensation, und der Herr D. Rosenmüller, dessen Unwille über diese Antworten des Knaben deutlich auf seinem Gesichte zu lesen war, unterbrach jetzt die Katechisation mit den an den Knaben gerichteten Worten:

„Mein Sohn, das kann wohl dein Ernst nicht seyn."

Ich wandte mich sogleich an gedachten Herrn D. Rosenmüller, und fragte: Befehlen Ew. Magnificenz, daß ich abbrechen soll?

Mit zuvorkommender Güte sagte hierauf der Herr Doctor: „Machen Sie nur weiter."

Ich fragte nun wieder den Knaben, der jetzt in der größten Verlegenheit war:

21. Frage. Was sagest du zu dem, was du bisher geantwortet hast, wie willst du es rechtfertigen?

A. Jesus war nicht bloßer Mensch, er hatte auch eine göttliche Natur.

Ich that hierauf noch einige Fragen, die auf die Erläuterung des Inhalts des aufgegebenen Spruches Bezug hatten, mußte aber bald, weil noch drey Schulmeister katechisiren sollten, schließen.

Nachdem die Katechisation zu Ende war, rufte mich der Herr D. Rosenmüller sogleich zu sich, gab aufs deutlichste seinen Unwillen über diesen Vorfall zu erkennen, und entließ mich mit den Worten: „Glauben Sie nicht, daß dem Knaben dieß hier gelehrt worden ist, er muß es gelesen haben."

Auf alle erwachſenen Zuhörer hatte dieſe Be-
gebenheit den ſtärkſten Eindruck gemacht, beſonders
auf die anweſenden ſtudirenden Jünglinge, von denen
viele, als ich die Freyſchule verließ, mich umringten,
und ihr lautes Mißfallen und Erſtaunen über die
Antworten des Knaben, der meines Erachtens etwa
eilf Jahre alt ſeyn mochte, zu erkennen gaben.

Soviel ich bemerken konnte, war übrigens bey
meiner Katechiſation keiner von den Lehrern der Freyſchule gegenwärtig, ſondern als ſie vorbey war, erſchien
erſt der Sub-Director Dolz, der ſich, während die
drey Schulmeiſter katechiſirten, neben dem Herrn D.
Roſenmüller niederſetzte, und von demſelben in ein
lebhaftes und ernſtes Geſpräch verwickelt wurde.

Dieß iſt es, was ich vor Gott und meinem Ge-
wißen, über dieſe Katechiſation Ew. pp. ſubmißeſt be-
richten kann. Ich ſchließe nun mit dem aufrichtigen
Wunſche, daß Gott Allerhöchſt-Dieſelben als den Be-
ſchützer des Glaubens und als den beſten Vater des
Vaterlandes, zum Heile und zur Freude aller getreuen
Sachſen, noch lange erhalten wolle, der ich in tiefſter
Devotion erſterbe

Liebſtädt, am 29. Nov. 1800.

Ew. pp.
unterthänigſter gehorſamſter Knecht
M. Carl Heinrich Gottfried Lommatzſch,
Pfarrer zu Liebſtädt und Goldbach.

Auf dieſen, von der höchſten Kirchenbehörde er-
forderten Bericht, erfolgte von derſelben, Dresden, am
1. Junius 1801, eine vom Freiherr von Gärtner ge-
zeichnete Verordnung an das Conſiſtorium zu Leipzig,
durch welche daſſelbe angewieſen wurde, um auf die

Dieser Consistorialverordnung ist nun weiter ein »Inserat« beigefügt, wodurch Rat und Superintendent an eine Verordnung vom 28. November 1796 erinnert werden, betreffs der 1. Sammlung der im Druck erschienenen katechetischen Unterredungen des M. Dolz. Seitdem seien diese Unterredungen von der 2.—4. Sammlung fortgesetzt, in keiner aber den wahrgenommenen Mängeln abgeholfen worden. Vielmehr werde auch in diesen neueren Unterredungen von der durch die heilige Schrift den Menschen geschenkten göttlichen Offenbarung überhaupt, und den in selbiger gegründeten Unterscheidungslehren der christlichen Religion nirgends hinlängliche Belehrung gegeben, alles allein auf die Vernunft und deren Ausbildung zurückgeführt, und die ganze Religion auf Glauben an Gott und Unsterblichkeit reduzieret, überhaupt aber in einem Geiste katechisiert, der für eine Armenschule, in Rücksicht auf die künftige Bestimmung der Kinder, die darinnen unterrichtet werden, unzweckmäßig sei und wodurch jeder junge Schüler oder Leser vom praktischen Sinn leicht abgelenkt, mit halbgefaßten Begriffen angefüllet und zu selbstsüchtigem Dünkel verleitet werden könne.

Dem Superintendent und Rat wird daher befohlen, bei Erstattung ihres Berichts zugleich mit anzuzeigen, ob überhaupt und bei welchen Gelegenheiten diese katechetischen Unterredungen in der Freischule wirklich gehalten oder auf was für Weise sonst etwa diese Druckschriften in derselben gebraucht würden.

Der Verhörstermin wurde auf Freitag, den 26. Juni 1801, festgesetzt. D. Rosenmüller hatte fest darauf bestanden, daß er an demselben Orte abgehalten werde, wo das „sogenannte Verbrechen“ — wie Vorsteher Hansen sagt, geschehen. Er hatte sich daher

ausdrücklich geweigert, auf dem Rathause dieser Vernehmung beizuwohnen. Es wurde daher beschlossen,
dieselbe in der Vorsteherstube des im Schloßzwinger
gelegenen Schulgebäudes vorzunehmen. Sowohl die
Lehrer als auch der betreffende Schüler hatten sich zu
derselben einzufinden.

Um 10 Uhr vormittags des genannten Tages ver-
sammelten sich also in der Expeditionsstube der Anstalt

Superintendent D. Joh. Georg Rosenmüller,

Magnificenz Oberhofgerichtsassessor und regierender Bürgermeister D. Christian Gottfried Herrmann,

Baumeister Justus Heinrich Hansen, als der-
maliger Vorsteher der Freischule und

Oberstadtschreiber Johann Gottlieb Pernizsch,
letzterer zur Fertigung der erforderlichen Registratur.

Die Vernehmung dauerte bis gegen 1 Uhr.

Zuvörderst wurde der bestellte Knabe vorgelassen,
der auf Befragen angab, daß er Johann Friedrich
Beyer heiße, 13 Jahre alt und der Sohn eines in
der Barfußmühle hier wohnenden Seidenwirkers sei.
Es wurde ihm eröffnet, daß er über einige Umstände
befragt werden sollte und ernstlich ermahnt, die reine
Wahrheit auszusagen und sein zartes Gewissen allenthalben zu bedenken.

Der Knabe gab sodann an, daß er seit 6 Jahren
als Schüler in des Raths Armenfreischule sich befinde,
erinnerte sich auch der im Sommer des vergangenen
Jahres darin gehaltenen Katechisation und des be-
handelten Spruches. Des Tages konnte er sich natürlich nicht erinnern; von dem Manne, der sie gehalten,
habe er nur gehört, daß er M. Lommatzsch heiße.

Um so viel als möglich auf den Grund der
Sache zu kommen und die eigentlichen Gesinnungen
und Meinungen des Knaben zu erforschen, fand

man für gut, alle die gehaltenen Fragen und Antworten mit demſelben durchzugehen und über jede
ſeine Ausſage zu erfordern.

Nach nochmaliger ernſter Ermahnung zur Wahrheit iſt der Knabe nicht abredig, daß die Fragen 1—6
wirklich gethan und nach den Angaben beantwortet ſeien.

In Abſicht auf Frage 7 kann er nicht zugeben,
daß ſolche an ihn gethan · oder von ihm beantwortet
worden. Es ſei ihm auch nicht erinnerlich, an wen
ſolche Frage gekommen; er wäre der 1. Knabe geweſen und neben ihm hätte ein gewiſſer Täſchner ge-
ſeſſen, der jetzt in Großzerbſt die Apothekerkunſt erlerne;
auch des unter dem 3. Knaben bezeichneten Mitſchülers
kann er ſich nicht erinnern, an dem die 8. Frage gethan
worden ſei. Mit der 9. bis mit 13. Frage dagegen
und den dabei bemerkten Antworten habe es ſeine
Richtigkeit, wie er auch die 14. und die Antwort des
3. Knaben nicht in Abrede ſtellt.

Dann aber leugnet er auf Vorhalten ſchlechter-
dings, daß er ſich ungefragt und unaufgefordert in
dieſe Frage gemiſcht und jene Antwort gegeben habe
(„Ja darin, in dem Sittengeſetze“ 2c.) und fügt die
Verſicherung hinzu, daß weder er ſich einer dergleichen
Einmiſchung ſchuldig gemacht, noch auch, wer ſolches
gethan, bemerkt habe; er bejahet hingegen, daß er
auf die an ihn beſchehene 15. Frage die angeführte
Antwort gegeben habe. Eben dieſes räumt er von
der 16., 17. und 18. Frage ein.

In Abſicht auf die 19. Frage mag er zwar auf
Vorhalten nicht in Abrede ſtellen, daß er die dabei
gegebene Antwort erteilt habe; er habe ſich jedoch
damals umſtändlicher erklärt, und ſo viel geäußert,
daß es für die Gottheit Chriſti wichtigere Argumente
gebe, als Wunder, denn Moſes und die Propheten

hätten auch besondere Thaten verrichtet und deswegen könne man sie doch nicht für Gott halten. Überhaupt sei bei jener Antwort seine Meinung dahin gegangen, daß es zur Moralität des Menschen nichts beitrage oder daß es vielmehr keinen notwendigen Einfluß auf die Moralität des Menschen habe, wenn man an Wunder und Weißagungen glaube.

Nachdem hierbei das Nöthige erinnert und dem Knaben zugleich die erforderliche Aufklärung gegeben worden, wendete man sich zur 20. Frage und hier verneinte Beyer schlechterdings, daß diese Frage an ihn gethan und von ihm jene Antwort gegeben worden sei, auch will er sich nicht zu entsinnen wissen, daß diese Frage überhaupt aufgeworfen worden.

Superintendent Rosenmüller erinnert hierbei, daß er sich nicht bei dieser 20., sondern vielmehr bei der vorhergehenden 19. Frage — auch nicht mit den an-geführten, sondern mit folgenden Worten: „Mein Sohn, so bist du von deinen Lehrern gewiß nicht unterrichtet worden!" — an den Knaben gewendet habe.

Zur 21. Frage und der dort angegebenen Ant-wort bekennt sich Beyer mit der Erinnerung, daß er solche Antwort wohlbedächtig gegeben habe, um sich bestimmter auszudrücken, was ihm vorher beinahe un-möglich gewesen sei, da der, so ihn gefragt, etwas geeilet und noch ehe er (Beyer) seine Gedanken zu-sammenfassen können, schon wieder neue Fragen ge-stellt habe.

Nachdem alle Fragen und Antworten somit durch-gegangen, wobei die Aussagen des Knaben mit seinen eigenen Worten niedergeschrieben worden, wurde der-selbe ernstlich befragt:

a) wer ihm diesen Unterricht erteilet oder
b) woher er sonst denselben geschöpft habe?

Auf die erste Frage gab der Knabe zur Antwort, daß soviel seine Äußerungen von den Wundern und Weißagungen, und daß solche allein die Gottheit Christi nicht bewiesen, anlange, er solche mehr durch eignes Nachdenken als durch den Unterricht sich verschafft habe. Doch könne er nicht leugnen, daß ihm eine von dem Herrn Vicedirector Dolz gehaltene Katechisation dazu besondere Veranlassung gegeben habe. Derselbe habe gefragt: wie die Gottheit Christi bewiesen werden könne? — und da ein Knabe die Antwort gegeben: durch seine Wunder und Weißagungen, so habe Herr Dolz darauf geäußert, daß solches nicht die alleinigen Beweise wären. So habe er für sich weiter nachgedacht, und sei dadurch zu jener Überzeugung gelanget.

Bezüglich der zweiten Frage versichert er, daß er weiter etwas, als das oben angeführte, nicht anzugeben vermöge. Wenn er etwas lese, prüfe er solches, mache sich die nötigen Auszüge daraus und denke darüber nach, bis er zur Überzeugung käme.

Im übrigen könne er versichern, daß seine wahre Überzeugung in seiner Antwort auf die 21. Frage enthalten sei, wobei er unverrückt stehen bleibe.

Nachdem dem Knaben jede seiner Aussagen bei jedem Punkte deutlich wieder vorgelesen worden, er auch bei denselben verblieben, wurde dieses Verhör beschlossen, derselbe entlassen und nunmehr die bei der Ratsfreischule angestellten konfirmierten Lehrer vorgelassen. Es waren dies:

Herr Direktor Carl Gottlieb Plato,
„ Vicedirektor M. Joh. Christ. Dolz,
„ M. Joh. Aug. Wilh. Pohl,
„ Christ. Friedrich Schaarschmidt und
„ M. Joh. Friedr. Wilh. Döring.

Selbigen wurde von der auf höchsten Befehl eingegangenen Consistorialverordnung und der Veranlassung zu derselben Eröffnung gethan und in betreff der von dem Schüler Beyer geschehen sein sollenden
bedenklichen Äußerungen Verantwortung abgefordert.
Sämtliche Lehrer versicherten hierauf, daß sie die
ihnen anvertraute Jugend bisher so unterrichtet hätten,
wie sie es vor Gott, ihren Vorgesetzten und ihrem Gewissen zu verantworten sich getraueten. Es möge
ihnen gestattet werden, da die Sache von äußerster
Wichtigkeit für sie sei, die ihnen abgeforderte Verantwortung schriftlich einzureichen. Dieses wurde ihnen
gestattet mit der Anweisung, über die ganze Einrichtung
der Schule und alle dahin einschlagende Umstände bestimmte Auskunft zu geben und sich dabei der größten
Zuverlässigkeit und strengsten Wahrheit zu befleißigen.
Der Consul regens händigte ihnen zu diesem Behufe
eine Abschrift des Rescripts ein. Was die an Sonn-
und Festtagen zeither in der Rathsfreischule gehaltenen
Gottesverehrungen anlangt, so wurde sogleich
festgesetzt, daß solche später als bisher und erst um
10 Uhr des Vormittags ihren Anfang nehmen sollten,
was nach Versicherung der Lehrer auch bereits geschehen.

Schließlich wurden die Lehrer beweglich und
ernstlich vermahnet alles, was diese so löbliche und
gute Anstalt in widrige Vermutungen setzen könnte,
besonders aber den Anschein von irrigen oder übertriebenen neuen Lehren, nicht minder alle in unsern
Kirchen nicht gewöhnlichen Ausdrücke, welche leicht
Mißverständnisse veranlassen dürften, zu vermeiden,
und darauf zu sehen, daß der Unterricht hauptsächlich aus der heiligen Schrift und
dem Catechismus Lutheri genommen werde.

zu jener Ü

Bezüg
er weiter e
zugeben vc
solches, m
denke darü
Im ü
Überzeugu
enthalten
Nach
jedem Pu
auch bei
schlossen,
freischule
Fa
Ber

ihren Glauben geprüft und confirmiert worden
ürden hierüber am besten sich selbst verantworten.
aber könne er mit gutem Gewissen hinzufügen,
er bei seinen öftern Besuchen der Schul- und
tagsstunden nie etwas gehört habe, was der
gion Jesu und dem Glauben an denselben, als den
n Gottes, nach der Auslegung Luthers zuwider
esen wäre.

Bedenke man nun, daß die Freischule auch in
em Jahre 650 Kinder beiderlei Geschlechts, von
lchen sehr viele außerdem aus dem hiesigen Al-
senamte noch eine wöchentliche Unterstützung benen, kostenfrei unterrichte, so wäre allerdings zu be-
rchten, daß durch eine Störung in der bisherigen Ein-
chtung der Freischule oder eine Behinderung in ihrem
aten Wirken, nicht nur von den Eltern der Kinder,
ndern auch von dem größten Teil der Bürger und
Einwohner der Stadt Unruhe entstehen möchte. Die
Anhänglichkeit und das Vertrauen zu dieser Anstalt
sei ungemein groß, wie man auch behaupte, „daß nur
da aus armer Eltern Kinder vernünftige Christen und
gehorsame Unterthanen für das Land erzogen werden
könnten, weil sie in den Winkel- und anderen Schulen
darüber keinen bestimmten Unterricht erhielten." —

Die Verantwortungsschrift der Lehrer der
Freischule 'Präs. den 24. August 150? umfaßt
nicht weniger als 21 Bogen, nebst 5 zum Teil
wiederum sehr umfänglichen Beilagen. Wir
müssen uns darauf beschränken, das Wichtigste aus
der Verteidigung herauszuheben. Die Lehrer machen
es sich zur heiligsten Pflicht, betreffende Fragen
mit aller möglichen Gewissenhaftigkeit zu beantworten. Sich zunächst dem Vorfall mit dem Stul-
knaben Beyer zuwendend, erkennen sie an, daß

einige der von demselben gegebenen Antworten, nach
der Anzeige des M. Lommatzsch, allerdings den Grundlehren des Christentums zuwiderlaufende Äußerungen
zu sein schienen. Dahingestellt aber müsse bleiben, ob
die Schuld für diese teils unbestimmten, teils unrichtigen Äußerungen des Knaben, welche bei Erwägung des Alters desselben wohl kaum als Grundsätze anzusehen sein dürften, der Übereilung oder dem
Mißverständnis des Knaben oder einem unabsichtlichen
Irrtum, einem Gedächtnisfehler des Katecheten, zu-
zuschreiben sei. Was M. Lommatzsch in seiner Anzeige
niedergeschrieben, könne durchaus nicht für eine Katechisation angesehen werden, in welcher ein Candidat
eine Probe seiner katechetischen Geschicklichkeit ablegen
solle. Von der 16. Frage an, die wie vom Zaune
gebrochen und als das sprechendste Zeugnis von der
katechetischen Unbehilflichkeit ihres Verfassers dastehe,
sei dieselbe vielmehr ein inquisitorisches Verhör,
dem sich selbst ein Schulknabe nicht unterwerfen dürfte,
wenn es von jemand, der keinen Beruf dazu habe,
angestellt werde. Auch versicherten die bei der Katechisation gegenwärtig gewesenen Lehrer M. Pohle und
Horn, daß nicht alle einzelnen Fragen und Antworten
in der Lommatzschen Anzeige wörtlich gethan und gegeben worden seien.

Man dürfte leicht in Versuchung geraten, den
vorzüglichsten Beweggrund zur Verfertigung jenes
Aufsatzes in seinem durch vermeinten Widerspruch
eines Knaben beleidigten Ehrgefühl zu suchen. Daß
man aber im leidenschaftlichen Zustande des Gemütes
auch bei dem besten Willen ganz treu darzustellen, wo
auf einzelne Worte so sehr viel ankomme, leicht von
kleinern oder größern Irrtümern beschlichen werden
könne, wer möchte dies leugnen?

Daß sich aber der Knabe Beyer bezüglich seiner Behauptungen von den Wundern auf einen vom Vicedirektor Dolz gehaltenen Lehrvortrag bezogen, damit habe es folgende Bewandtnis: Auf seine Frage nach Beweisen für die göttliche Natur Jesu habe ein Knabe geantwortet: „Jesus müsse Gott sein, weil er Wunder gethan habe." Hierauf erwiderte Dolz: Wir haben für diesen Lehrsatz wichtigere Beweise. Aus den Wundern könne die Gottheit Jesu noch nicht hinlänglich bewiesen werden. Moses und die Propheten hätten auch Wunder gethan und keinem derselben komme darum der Name Gott zu.

Dolz beruft sich hierbei auf das Zeugnis des Oberhofpredigers Dr. Reinhard, welcher in seinen Vorlesungen über die Dogmatik: Sulzbach 1801, Seite 366 sagt: „Es ist ganz falsch, wenn man aus den Wundern, die Jesus während seiner Erniedrigung that, beweisen will, daß er Gott sey, da doch nichts weiter daraus geschlossen werden kann, als seine außerordentliche Sendung", und Seite 140: Man hüte sich also zum Beweise der Gottheit Jesu Christi seine Wunder, sein Vorherwissen der Zukunft, seine Kenntnis von den Gedanken und Gesinnungen der Menschen anzuführen, wie dies von vielen häufig auf der Kanzel geschieht. Denn alle diese Dinge beweisen nichts weiter, als daß er ein außerordentlicher göttlicher Lehrer war. Man findet sie auch an andern Propheten, ohne daß man den Schluß daraus ziehen dürfte, diese Männer wären von höherer Natur gewesen."

Habe demnach jener Schulknabe nach dieser Erinnerung des Lehrers den vorgebrachten bedenklichen Schluß hergeleitet, so sei die Schuld davon keineswegs dem Unterrichte beizumessen, vielmehr dürfte ein Teil desselben auf M. Lommatzsch' Rechnung zu schreiben

sein, der durch eine in seiner Frage geäußerte offenbar
schriftwidrige Behauptung: „Jesus hätte sich selbst
zum Beweise seiner Gottheit auf die Wunder berufen“,
zu jener unrichtigen Antwort Veranlassung gegeben.
Bei der Jugend seien ungeachtet des deutlichen Unterrichts Mißverständnisse und unrichtige Urteile keine
Seltenheit, wie jeder wisse, der eine Zeit lang unterrichtet habe. Nur ein Beispiel möge das beweisen.
In einer Unterredung über den heiligen Geist und
seine Gnadenwirkungen fragt ein Lehrer der Freischule
einen bis vor kurzem in einer Winkelschule unterrichteten Knaben: „Hast du schon etwas vom
heiligen Geist gehört?“ Derselbe bejaht diese
Frage. Aufgefordert das anzugeben, was er vom
heiligen Geist wisse, giebt er dem Lehrer zu dessen
nicht geringem Erstaunen die Antwort: „Er ist nicht
mehr zu haben!“ Auf dessen fortgesetzte Fragen, ob
er sich nicht mehr der Worte erinnern könne, mit
welchen ihn sein voriger Lehrer vom heiligen Geiste
belehrt habe, antwortete er: „Mein Lehrer hat gesagt,
der heilige Geist ist ausgegangen.“ Der Lehrer der
Freischule konnte hierauf dem Knaben nur auseinander-
setzen, daß die Kirche, wenn sie von einem Ausgehen
des heiligen Geistes redet, etwas ganz anderes darunter verstehe, als wenn in der Sprache des gemeinen
Lebens von einer Ware gesagt wird, sie sei ausgegangen.

Gewiß aber werde kein Billigdenkender die Schuld
von dieser irrigen Vorstellung dem vorigen Lehrer des
Knaben zuschreiben. Wie aber dieser Irrtum nur
zufällig aufgedeckt und berichtigt wurde, so würden
auch die Lehrer der Ratsfreischule mit den Irrtümern
ihrer Schüler nicht eher bekannt, als bis diese bei
irgend einer Veranlassung dieselben äußerten. Sobald

sie solche entdeckt, würden sie sie auch berichtigt haben.
Bis dahin hätten sie aber nicht geglaubt es nötig zu
haben, da M. Dolz und M. Döring acht Tage vorher
im Konsistorium über den 2. Artikel des II. Hauptstücks katechisiert und die Knaben so der Schrift und
dem Lehrbegriff unserer Kirche angemessen geantwortet
hätten, daß der vorsitzende Assessor dieses Kollegiums,
Appellationsrat Börner, nach geendigten Katechisationen
das Urteil gefällt: „Die Kinder haben sehr gut geantwortet und sie (die Lehrer) haben sehr gut gefragt." —

Zur Beantwortung des 3. Punktes übergehend,
bemerkt das Kollegium der Freischule, daß jener Vorgang in der Darstellung des M. Lommatzsch allerdings
anstößig erscheine, nach der bei demselben anwesenden
Lehrer M. Pohle und Horn dagegen alles minder anstößig erscheine. Wie insbesondere M. Lommatzsch eine
Antwort von Knaben gehört haben wolle (die auf
die 20. Frage), welche gar nicht gegeben worden sei,
so habe ihm seine unstreitig von Leidenschaft nicht freie
Seele etwas bemerken lassen, was ein unbefangener
Beobachter nicht habe bemerken können: die heftige
Unterredung des Superintendent Rosenmüller mit M.
Dolz, zu welcher weder Zeit und Ort, noch der Charakter
des Ephorus gepaßt haben würde. Dieselbe habe sich
nur auf wenige leise Worte betreffs des Vorfalls
beschränkt.

Dagegen habe der Vicedirektor M. Dolz sich nach
Beendigung der Schulstunden die ganze Sache von
den dabei gegenwärtig gewesenen Lehrern erzählen
lassen und dem Knaben Beyer die Erinnerung gegeben,
auf jede Frage in Zukunft recht aufmerksam zu sein,
um sich in seinen Antworten und Urteilen nicht zu
übereilen, sondern sich so bestimmt und deutlich auszudrücken, daß nicht durch dergleichen Mißverständnisse

3*

eine übele Meinung gegen die Anstalt erweckt werden
könne. Der Knabe bemerkte selbst, daß nur seine Art
sich auszudrücken, jene unrichtigen Behauptungen veranlaßt haben müsse und entschuldigte seine Übereilung
in der Wahl der Worte damit, daß M. Lommatzsch
ihm nicht Zeit gelassen, sich recht zu besinnen, sondern
sein Nachdenken plötzlich wieder durch neue Fragen
unterbrochen habe. Besondere Maßregeln wegen
der übrigen dabei gegenwärtig gewesenen
Kinder zu nehmen, habe um so weniger nötig erschienen, als D. Rosenmüller bereits sofort berichtigt
habe und der Unterricht Gelegenheit biete, unrichtige
Begriffe der Schüler bei schicklicher Veranlassung zu
rektifizieren. Und dies sei bereits geschehen, wozu besonders die bei der Freischule bestehende Einrichtung
Gelegenheit gegeben habe, nach welcher die zu Ostern
die Schule verlassenden Kinder schon von Johannis
an ganz vorzüglich mit den Unterscheidungslehren
der Kirchen bekannt gemacht würden. Bei diesem
Präparandenunterrichte bleibe kein Hauptreligions-
begriff unberichtigt. Besonders würden die Knaben
angehalten, den Hauptinhalt dieser Unterrichtsstunden
schriftlich aufzusetzen und sowohl die dabei an-
geführten biblischen Stellen, als die dahin gehörigen
Katechismusstücke in einer schriftlichen Umschreibung
einzureichen.

Zur näheren Einsicht ist ein solches 2 Bogen
starkes und korrigiertes Bruchstück von dem Aufsatze
eines Konfirmanden des letzten Jahrganges der Verantwortungsschrift beigefügt. (Siehe Beilage I.)

Bei diesem Confirmandenunterrichte habe
sich dann auch Gelegenheit gezeigt, jene aus Mißverständnis entsprungenen unbestimmten und darum unrichtigen Antworten des Knaben Beyer, der noch

nicht zu den Konfirmanden gehörte, und bei dem
daher ein Jrrtum in den Unterscheidungslehren des
Christentums verzeihlicher scheine, als bei andern, zu
berichtigen. Überhaupt dünke ihnen eine gelegent-
liche Berichtigung zweckmäßiger, als eine absichtliche
und öffentliche.

Das Freischulkollegium wendet sich nun zur Beantwortung der Fragen, welche die Einrichtung der
Freischule überhaupt betreffen.

Schon aus der Benennung Freischule gehe
hervor, daß die Anstalt für arme hilfsbedürftige
Kinder bestimmt sei, deren Eltern die Kosten der
Unterweisung aus eigenen Mitteln zu bestreiten außer
stande seien. Den Kindern würdeu darum neben
dem Unterricht auch die nötigen Schulbücher,
Schreib- und Rechenmaterialien, ganz unentgeltlich gegeben. Der Unterricht sei nicht auf eine
besondere künftige Lebensstellung berechnet, sondern
umfasse alle diejenigen Kenntnisse, welche den Kindern
für ihr späteres Leben, in welchen Stand sie auch
immer eintreten möchten, nützlich und unentbehrlich
sein könnten.

Nach der seitherigen Verfassung hätten die aufzunehmenden Kinder wenigstens 6 $1/_2$ Jahre alt zu sein
und nicht über 10, wogegen die Entlassung gemeiniglich im 14., spätestens 15. Lebensjahre geschehe.

So gingen aus der Freischule nicht nur Hand-
werker hervor, sondern auch Kaufleute, Buchhändler, Soldaten, ja zuweilen auch Studierte.
Seit den 9 Jahren, seit welchen die Anstalt bestehe,
seien immer 3, 4, 5 auch 600 Kinder beiderlei Geschlechts in 6 Hauptklassen, 3 für Knaben und 3
für Mädchen zu gleicher Zeit unterrichtet worden.

Schulplan und das Verzeichnis der eingeführten Lehr- und Lesebücher liegen bei.

Was die aufgenommenen Lehrgegenstände betrifft, so könne ein praktischer Unterricht in den Religionswahrheiten und in der Pflichtenlehre, richtiges und vernünftiges Lesen, Rechnen, Schreiben, gemeinnützige Naturkenntnis, besonders Kenntnis des Menschen 2c. nach der Übereinstimmung aller Weisen und gewissenhaften Volkslehrer kein Monopol gewisser Volksklassen werden. Auf alle diese Kenntnisse, wie sie von geschickten, praktischen Lehrern zweckmäßig mit gehöriger Auswahl, Modifikation und überhaupt mit judicio discretivo erteilt würden, habe die ganze Menschheit ohne Klassenmaßstab ein unveräußerliches Recht. Denn alle Menschen sollten, ohne besondere Rücksicht auf ihre künftigen bürgerlichen Verhältnisse, als Menschen verständige, rechtschaffene und zufriedene Menschen, oder was ihnen eben dasselbe zu sagen scheine, gute thätige Christen werden. „Den Menschen zweckmäßig erziehen", — sage selbst Oberhofprediger Reinhard in seinem „System der christlichen Moral," z. B. 3. Aufl. Einl. p. 8, — kann nichts anderes heißen, als alle seine Fähigkeiten und Kräfte so entwickeln und üben, daß dessen Ähnlichkeit mit Gott daraus entspringe, daß es sichtbar werde, er sei unter allen Geschöpfen auf Erden das edelste, sei das, in welchem die Vollkommenheit des Schöpfers sich am deutlichsten ausdrücke." —

Und ein anderer Schriftsteller sagt: „Die Natur kennt keine Klassen, nach denen sie ihre Gaben und Kräfte unter die Menschen verteilt. Sie teilte ohne Rücksicht auf Abstammung und äußeres Verhältnis die Geistesgaben unter die Menschen aus. Wollen wir dennoch in der Ausbildung und Anwendung dieser

Gaben und Kräfte klassenweise verfahren, so wird auch
hier, wie allenthalben, das Widernatürliche sich selbst
bestrafen, so wird viel Gutes aufgehalten werden, das
dem Staate hätte zu gute kommen können, so wird
ein, jenem orientalischen ähnlicher Kastenzwang und
Kastengeist eingeführt, der durchaus dem allgemeinen
Besten nachteilig ist." —

Und wem seien die vortrefflichen Schriften unbekannt, in welchen selbst erleuchtete Staatsmänner,
ein von Herzberg, von Zedlitz und kürzlich erst
der wahrhaft erhabene von Massow in D. Gedickes
„Annalen des preußischen Kirchen- und Schulwesens" über diesen Gegenstand so gewissenhaft als
einsichtsvoll geurteilt hätten, was selbst die in dieser
Hinsicht ergangenen patriotischen Edikte an den Tag
legten.

Von einem gewissen selbstsüchtigen Dünkel,
den man als Folge dieses Unterrichts befürchten könnte,
hätten sie bei ihren Schülern weder während der Schul-
zeit noch nach deren Abgang nie etwas bemerkt. Vielmehr hätten Hunderte von Ausländern aus
allen Ständen, die sich mehrere Wochen hindurch in Leipzig zum Teil einzig und allein in
der Absicht aufgehalten, die Freischule näher
kennen zu lernen, diese Anstalt mit dem Zeug-
nisse verlassen, daß sie eine wahre Zierde für
Leipzig nicht nur, sondern für ganz Sachsen
sei und der Stadt und dem Lande Glück gewünscht, die sich einer solchen Schule zu erfreuen hätten. Nicht, daß sie so anmaßend wären,
dieses Lob sich zuzueignen, sondern der Dank dafür
gebühre dem Rate der Stadt Leipzig und der göttlichen
Vorsehung, die diese Anstalt so sichtbar mit ihrem
Segen krönte. Besonders freuten sich jene Besucher

nicht nur über die guten Kenntnisse, sondern auch
über die ausgezeichnete Bescheidenheit, Sittsamkeit, Reinlichkeit und zuvorkommende Höf-
lichkeit der Kinder. Unter den vielen, die die
Freischule mit sichtbarer Zufriedenheit betrachtet, nennen
sie den Herzog von Coburg, den Fürsten von
Schleswig-Holstein, den Präsidenten von Trosky,
den Propst Teller, Generalsuperintendent
Löffler, Senior Hofnagel, Prediger Wagnitz,
Generalsuperintendent Nitzsche, Wagemann
und dessen Bruder, Dr. Nösselt, Rat Becker,
Salzmann, Andree, Thieme, Konrektor
Schwarze und andere.

Viele dieser Männer, zum größten Teil kompetente Beurteiler des Erziehungs- und Unter-
richtswesens, hätten sich selbst mit den Kindern über
eine Religionswahrheit oder einen andern Gegenstand
unterhalten und auf eine die Lehrer sehr rührende und
erfreuliche Weise ihre Zufriedenheit und Bewunderung
zu erkennen gegeben.

Selbst einige Mitglieder der Brüdergemeinde
zu Herrnhuth, die in der Messe die Sonntags-
schule besucht, hätten ihre stille Zufriedenheit über die
äußere Sittsamkeit, den Anstand und die Andacht der
Kinder geäußert und sogar manches, was ihren Einrichtungen bei ihnen ähnlich wäre, hier finden wollen.

Sicherer, als aus allen noch so schönen Plänen
und Lektionsverzeichnissen, lasse sich jedenfalls aus
ihren Wirkungen auf die Güte der Anstalt schließen.
Und wenn auch ein Zeitraum von noch keinem vollen
Decennium noch zu kurz sei, ein vollendetes Resultat
zu ziehen, so könnten sie doch mit Dank gegen die
Vorsehung bekennen, daß ihre Arbeit in dem Herrn
nicht vergebens, sondern mit segensvollem Wirken be-

gleitet gewesen. Dies bestätigten die erfreulichen Nachrichten der Lehrherren über die Geschicklichkeit, Lern-
begier und Treue der in der Freischule unterrichteten
Lehrlinge, das die Herrschaften über die Zufriedenheit mit den in ihre Dienste genommenen Mädchen.
Es erwecke wenigstens ein günstiges Vorurteil für die
Freischule, daß das Gesuch aller hiesigen und auswärtigen Lehrmeister, welche Freischüler zu ihren Lehr-
lingen zu haben wünschten, nicht befriedigt werden
könne, da ihrer nicht genug vorhanden seien. Getrost
könnten sie die Bewohner Leipzigs als Zeugen
aufrufen, ihr Urteil werde ihre Aussage bestätigen.

Wäre nicht der größte Teil der Einwohner
Leipzigs von der Gewissenhaftigkeit der Lehrer an der
Freischule überzeugt und von den segensvollen Wirkungen
dieser Anstalt, so würden sich nicht so viele Hunderte auf
einmal, mit Thränen um die Aufnahme ihrer Kinder
bittend, an den Magistrat wenden; es würden nicht
sogar — wie es alle Tage geschähe, solche Eltern um
Aufnahme ihrer Kinder in die Freischule bitten, die
Schulgeld bezahlen können und auch gern bezahlen wollten, — deren Gesuch jedoch verfassungs-
gemäß abgeschlagen werden müsse.

Schon längst hätten sich die Lehrer der Freischule
vorgenommen gehabt, nach Vollendung des ersten
Decenniums der Schule eine ausführliche Nachricht
von derselben dem Kurfürsten zu Füßen zu legen, in
der Überzeugung, daß es demselben gewiß zum Wohlgefallen gereichen werde zu hören, daß man in einem
Teile seiner Staaten sich der Verlassenen redlich an-
nehme und nach Möglichkeit darauf bedacht sei, Kinder,
von welchen ohne die Freischule gewiß der größte Teil
ganz verwildert und dem Staate als Bettler oder
Malefikanten in Zuchthäusern zur Last gefallen sein

dürften, zu treuen Unterthanen in verschiedenen Verhältnissen des bürgerlichen Geschäftsstandes zu bilden.

Als eine weitere erfprießliche Wirkung der
Freischule dürfe es ferner gerühmt werden, daß dieselbe bisher schon jungen Männern Gelegenheit gegeben habe, sich nicht nur in dem auch als künftigen
Predigern ihnen so notwendigen Katechisieren zu
üben, sondern auch mit dem Schulwesen überhaupt, dessen Kenntnis keinem Prediger mangeln
sollte, praktisch bekannt zu machen, unter welchen
bereits mehr denn 30 in verschiedenen Ämtern teils
als Landprediger, teils als Schullehrer und
Vorsteher eines Schullehrerseminars, die Anwendung von den in der Freischule erlangten pädagogischen Kenntnissen machten. Ja, auch Studierende,
die nicht weiter an der Freischule beteiligt, hätten
durch den Besuch der sonntägigen und einigen wöchentlichen Stunden, die in der Freischule gebräuchliche
Unterrichtsmethode mit Gewinn bei ihrem Privat-
unterricht in den Familien kopiert.

Sehr ausführlich ist die Beantwortung der Frage,
was für Bewandtnis es mit dem während der
Kirche gehaltenen Gottesdienste habe.

Derselbe, aber nicht Gottesdienst, sondern Andachtsstunde, sei durch das Bedürfnis kurz nach Errichtung der Freischule hervorgerufen worden.

Zweck derselben sei, ihre Schulkinder zum Besuch
des öffentlichen Gottesdienstes vorzubereiten, ihren
Verstand zum Verstehen der Predigt fähig und geschickt
zu machen. Deshalb ermahnten sie auch die Kinder,
besonders bei ihrer feierlichen Entlassung, den öffentlichen Gottesdienst nach Beendigung der Schul-
zeit nicht zu vernachlässigen. Bei dieser Einrichtung opferten sie ohne Entgelt die wenige Zeit,

die sie nach geschehener Arbeit zu ihrer Erholung anwenden könnten.

In dem öffentlichen Gottesdienst sei es unmöglich, die Kinder zu übersehen und ihren Besuch zu kontrollieren; so aber würden die Kinder der vier obersten Klassen vor dem Herumlaufen bewahrt. Es sei zu wünschen, daß es bei der jetzigen Einrichtung, diese Stunden um 10 Uhr anzufangen, gelassen werde, da Sonntags fast in allen Familien um 11 Uhr zu Mittag gegessen und um 12 Uhr Mittagskirche gehalten werde. Überdies nähmen nur wenige Eltern in jetziger Zeit ihre Kinder mit zur Kirche, weil der öffentliche Gottesdienst aller Orten weniger besucht werde und letzteren bliebe Zeit, vor- und nachmittags in die Kirche zu gehen.

Ja, es könne den Kindern der Besuch der Kirchen unmöglich zugemutet werden, da für sie kein Platz vorhanden, wo sie unter Aufsicht sein könnten.

Wer aber solle die Aufsicht führen und für etwaigen Unfug verantwortlich sein? In kleineren Städten hätten die meisten Familien einen oder mehrere Kirchensitze, auf den Dörfern befinde sich ein eigenes Schülerchor. Wo sollten die armen Mädchen hin, deren Eltern keinen Kirchensitz für sich, geschweige für ihre Töchter, lösen könnten? Stehen, wäre gegen den hergebrachten Anstand, und nähmen sie die zum allgemeinen Gebrauch bestimmten Bänke in Beschlag, so verdrängten sie die Erwachsenen, für welche diese Plätze zunächst bestimmt seien.

Ferner sei die Kleidung vieler der Freischüler nicht so beschaffen, daß sie nach hergebrachter Weise ohne Anstoß die Kirche besuchen könnten; letztere würden demnach unbesucht bleiben, wenn die Sonntagsstunde auch nicht gehalten werden sollte.

Zudem sei ein dreistündiger Aufenthalt in
den Kirchen, besonders im Winter, für die Gesundheit der Kinder nicht ohne Nachteil, und selbst wenn
diese Behauptung nur die Äußerung eines philantropischen Arztes sei, wer könne die Eltern zwingen, ihre
nur leichtbekleideten Kinder in die kalten Kirchen zu
schicken? In der Freischule falle diese Besorgnis
weg, da der Betsaal geheizt werde.

Überdies sei es 8—14jährigen Kindern unmöglich, einen fortlaufenden, ununterbrochenen
Vortrag zu verstehen, zu fassen und zu behalten, zumal wenn sie nicht durch leichtere, ihre
Fassungskraft angemessene Vorträge dazu angeleitet
und vorbereitet worden sind.

Der Prediger halte aber zunächst seinen Vortrag
für erwachsene Christen und es sei ihm nicht zu-
zumuten, daß er sich zur Fassungskraft der Kinder
herablasse. Die Predigt habe sich vielmehr dem
Schulunterrichte anzuschließen und das fort-
zusetzen, was jener anfing. Fänden jedoch die Kinder
keine Nahrung für ihren Geist und ihr Herz in den
Kirchen, so werde durch den Besuch derselben bei ihnen
der Hang zum Mechanismus genährt, der überall,
besonders aber in der Religion, verderblich sei. Die
Kinder, die man hinein zwang, würden dies als
Qual empfinden, von welcher sie sich, sobald sie nur
können, freizumachen suchten, und wollte man die
Quelle des jetzt so vernachlässigten Gottesdienstes
suchen, so würde man einen Grund in der Gewohnheit finden, unwissende Kinder in die Kirche
zu zwingen.

Letzteres habe aber auch den Schaden, daß der
unbeschäftigte Geist, die jugendliche lebhafte Ein-
bildungskraft, sich in Thätigkeit setze und durch unreine

Bilder der Phantasie der Grund zur Verderbtheit des Herzens gelegt werde, besonders in einer Stadt, wo um die Stühle der Frauenzimmer herum, beständig ein zahlreicher Kreis junger Mannspersonen versammelt sei. —

Weder den Eltern der Kinder, noch ihren Vormündern, Paten und anderen Erwachsenen, werde zugemutet, den für die Kinder bestimmten Andachtsstunden beizuwohnen. Überdies sei der Saal so klein, daß er kaum für noch 100 Erwachsene Platz biete. Aber wie der Besuch der Lehrstunden jedermann freistehe, so hielten sie auch die Sonntagsstunden — nicht wie gewisse Konventikel — bei verschlossenen Thüren, sondern öffentlich, und stehe es somit jedem frei, sich zu überzeugen, daß sie wirklich mit dem Geist des Christentums übereinstimmende Lehrsätze vortrügen. Nur einmal im Jahre, bei der Prüfung der Konfirmanden, wünschten sie allenfalls die Gegenwart der Eltern, aber diese Einladung dürfte wohl nichts Anstößiges haben, da der Herr Superintendent D. Rosenmüller aus besonderer Güte gegen die Anstalt diese Prüfung übernommen habe.

Zum Beweis aber, daß für viele erwachsene Christen Katechisationen ein größeres Bedürfnis seien, als Predigten, führen sie an, daß sie von solchen Besuchern oft die Versicherung vernommen hätten, daß sie durch diese Lehrart besser in den Stand gesetzt seien, den vorgetragenen Lehrsatz zu verstehen, indem sie in Gedanken die an die Kinder gestellten Fragen selbst mit beantworteten. Ja solche, welche die Kirche bisher gemieden, seien durch diese Andachtsstunden derselben wieder zugeführt worden.

Zur Frage, wer diese Sonntagsstunden ab-

halte, erwidert das Kollegium, daß dies in der Regel
von ordentlich angestellten Lehrern geschehe und
nur selten von einem fähigen Mitarbeiter. Keine einzige Katechisation dürfe ohne schriftliche Vorbereitung gehalten werden. Der Direktor oder
Vicedirektor gebe das Thema und ihm seien Plan
und Ausarbeitung vorher vollständig vorzulegen.
Überhaupt werde auf die Ausarbeitung dieser Sonn-
tagskatechesen aller Fleiß verwendet, um sie so faß-
lich und praktisch als möglich zu machen.

Eine kurze Ermunterung zur Andacht, durch
welche sogleich das erste Lied, ein Sonntags- oder
Morgenlied, angekündigt werde, mache den Anfang.
Dann folge ein kurzes, auf das Thema der Kate-
chisation sich beziehendes Gebet, hierauf ein passendes
Lied, sodann die Katechese, welche gewöhnlich mit
einem Verse unterbrochen und mit einem Gebete und
Gesange beschlossen werde.

Das Gesangbuch, dessen man sich hierzu bediente, führte den Titel: „Christliche Religionsgesänge für Bürgerschulen", eine für Schulen
besonders ausgearbeitete Sammlung, in welcher Ausdrücke, die von der Jugend nicht verstanden werden,
mit leichtern vertauscht und in dem alle dem Christen-
tum eigentümlichen Lehrsätze berührt waren. Die
Lehrer der Freischule hatten diese Liedersammlung selbst
zusammengestellt und ohne Honorar das Manu-
skript dem Verleger übergeben, damit es der Anstalt
für einen billigen Preis überlassen werden konnte.
Das Werkchen war sehr günstig beurteilt und
bei Herausgabe anderer Gesangbücher, wie des
Meininger und Erfurter, benutzt worden. Im
letzten Schuljahre dagegen machte man die Schüler
mit dem Stadtgesangbuche bekannt, welches ihnen

nebſt einem Kommunionbuche vom Rate der Stadt
geſchenkt wurde.

Die Texte der Sonntagskatecheſen an-
langend, wird bemerkt, daß zu den aus der chriſtlichen
Pflichten- und Religionslehre zu behandelnden Lehr-
ſätzen paſſende Schriftſtellen zuweilen in der Einleitung, zuweilen nach Angabe des Hauptſatzes, zuweilen in der Katechiſation ſelbſt gehörigen Orts
angezogen und erklärt würden. Da die bisher übliche
Form der Predigten für ihre Katechiſation nicht
Muſter ſein könnten, ſo bänden ſie ſich auch nicht an
die Gewohnheit, allemal eine bibliſche Stelle als
Text zu verleſen, ſondern führten die zu dem ab-
gehandelten Satz gehörigen Schriftſtellen da an, wo
es am paſſendſten erſcheine, ganz nach dem Beiſpiele
Jeſu, der ſeine Vorträge auch nicht nach der jetzt
gewöhnlichen homiletiſchen Form gehalten und erſt vor
Angabe des Hauptſatzes einen Text verleſen habe.
Die Zeiten ſchienen vorbei zu ſein, da man ſich als
Anekdote erzählt, daß einmal ein Prediger die Ausarbeitung ſeiner Predigt eher vollendet hatte, ehe er
noch wußte, welchen Text er dazu wählen ſollte. Jetzt
ſcheine es zur Tagesordnung zu gehören, den gewöhnlichen Text zu den Predigten nur als Motto anzuſehen, ihm ehrenhalber mit einigen Worten im ſo-
genannten Übergang ein Kompliment zu machen, und
alles daraus herzuleiten, was man ſich ſchon vorher
zu ſagen vorgenommen, zu welchem Behufe dann
auch ſelbſt jede Zeile eines Geſchlechtsregiſters reich-
haltigen Stoff zu wirklich ſehr praktiſchen Themen
hergeben dürfte. So könne der Text unmöglich
für einen weſentlichen Teil eines religiöſen Vor-
trags angeſehen werden, ſo ſehr ſie auch überzeugt
ſeien, daß kurze und kraftvolle Ausſprüche, wie ſie in

der heiligen Schrift und in andern Büchern enthalten, immer ein sehr wohlthätiges Hilfsmittel bleiben würden, das Fassen und Behalten wichtiger Wahrheiten zu erleichtern. Deshalb könnten sie auch die Maxime einiger neuern Pädagogen durchaus nicht billigen, die von dem Auswendiglernen biblischer und anderer Denksprüche nichts wissen wollten. Ihre sonntäglichen Katechisationen würden über solche Gegenstände gehalten, die entweder mit bestimmten Worten in der heiligen Schrift als christliche Wahrheiten ausgedrückt sind, wie der Satz: Alles Gute kommt von Gott, Jac. 1, 17 und tausend andere, oder die sich aus einer biblischen Stelle ohne Zwang herleiten lassen. Bald werde eine biblische Stelle in der Einleitung erklärt, bald nach Angabe des Hauptsatzes katechetisch entwickelt, zuweilen auch ein biblisches Gleichnis, ein Sonntagsevangelium, ein Stück aus dem Rosenmüllerschen Lehrbuche oder aus dem Katechismus als Text der Katechisation zum Grunde gelegt; oder, im Fall über mehrere verwandte Wahrheiten verschiedene Sonntage nach einander katechisiert wird, wie in der Lehre von der Vorsehung oder göttlichen Weltregierung, bei welchem an einem Sonntage bloß über den Satz: Was heißt, ich glaube an eine göttliche Vorsehung? — an einem anderen: Wie zeigt sich Gottes Vorsehung bei der Geburt des Menschen? — an einem dritten: wie bei den glücklichen Ereignissen des Lebens? — an einem vierten und fünften: wie bei dem physischen und moralischen Übel in der Welt? — an einem sechsten: wie bei dem Tode des Menschen? 2c. Hierbei sähen sie sich vielleicht in die Notwendigkeit versetzt, einen einzigen biblischen Ausspruch als Grundlage von mehreren jener Sätze anzusehen, welcher dann nur bei der erſten Unterredung über dieſe Materie erklärt, in den folgenden aber als bekannt vorausgeſetzt wird.

Die katechetiſchen Unterredungen in den Sonntagsſtunden ſeien aber durchaus nicht als die eigentlichen und einzigen Unterrichtsſtunden in der chriſtlichen Religionslehre anzuſehen, mit der ihre Schüler in der Woche ſo vollſtändig als möglich be- kannt gemacht würden, ſondern ihre Tendenz gehe vornehmlich dahin, von einem in den wöchentlichen Religionslehrſtunden ausführlich erläuterten Lehrſatz eine ſolche praktiſche Anſicht zu geben, welche in demſelben vielleicht nur berührt werden konnte, um Zeit genug auf die Auseinanderſetzung der übrigen Religionswahrheiten zu verwenden.

So ſeien in mehrern wöchentlichen Lehrſtunden die Kinder von dem Zwecke, der Notwendigkeit und rechten Art des Gebets, mit Benutzung der dahin ge- hörigen Schriftſtellen belehrt worden. Aber der ſich den Lehrern hierbei ſehr natürlich darbietende Gedanke, daß das Gebet ſelbſt ein Beweis von der Würde des Menſchen ſei, indem nur er, nicht aber das Tier beten könne, konnte im wöchentlichen Unterrichte nicht vollſtändig durchgeführt werden. Sie wählten ihn da- her zum Thema für eine Sonntagsſtunde und be- zogen ſich dabei auf die den Schülern bekannten bibli- ſchen Ausſprüche vom Gebete überhaupt. Zu einer andern Zeit werde ein anderer auf das Gebet Bezug habender Satz abgehandelt, als: was heißt nach Gottes Willen beten? oder: was heißt in Jeſu Namen beten?

In dieſen Katechiſationen komme auch nur das vom Gebete vor, was im Thema liegt; alles andere werde für andere Zeiten aufgeſpart. So ſeien ferner ihre Kinder über den Tod Jeſu ſo belehrt worden, daß ihnen gezeigt worden ſei, wie man nach der Schrift

Vergebung der Sünden, Leben und Seligkeit als eine Wirkung desselben anzusehen habe. Aber sollte es nicht auch lehrreich sein, den Tod Jesu in Rücksicht der wohlthätigen Folgen zu betrachten, welche derselbe für die Ausbreitung des Christentums hatte? Da nun hierüber kein solcher Ausspruch in der heiligen Schrift vorhanden ist, in welchem diese Wahrheit behauptet würde, so bezögen sie sich im sonntäglichen Vortrage über diesen Lehrsatz auf die den Schülern aus den Unterrichtsstunden bekannten biblischen Aussprüche über den Tod Jesu nur ganz kurz, und katechisierten über die angezogene Wahrheit, ohne Text.

Wer nun bloß diese Sonntagskatechisation mit anhörte und vielleicht die im Vorbeigehen angebrachte Beziehung des Lehrers auf den wöchentlichen Unterricht über diese Materie überhörte, und nun den ganz verkehrten Schluß daraus herleiten wollte: in der Freischule zu Leipzig wissen die Kinder von Jesu Tod nichts weiter, als daß derselbe für die Ausbreitung des Christentums sehr wohlthätig war; da wird nichts erwähnt von der nach der Schrift dadurch bewirkten Versöhnung, Sündenvergebung, Rechtfertigung, Begnadigung ꝛc., der würde ihr einen unverdienten Vorwurf machen.

Zuweilen würden auch für die Sonntagsstunden solche Sätze gewählt, welche einen kurzen Überblick über das Ganze einer schon in mehreren wöchentlichen Stunden erläuterten Materie geben.

Es werden einige teils im vergangenen, teils im laufenden Jahre in den Sonntagsstunden abgehandelte Themen angeführt:

Wie wohlthätig Jesu Tod für die Nachwelt war.

Von dem rechten Gebrauch biblischer Gleichnisse.

Über einige Gleichnisse des neuen Testaments, Matthäus 12, 24—30. — Luc. 8, 4—15 u. a.

Johannes, der Lieblingsschüler Jesu, ein lehrreiches Beispiel für die Jugend.

Wie kann das Beispiel Petrus,

wie Judas Beispiel von einer christlichen Jugend lehrreich benutzt werden?

Unsere Seligkeit ist Gottes Werk.

Auch im Himmel giebt es vernünftige Wesen, die das Gesetz Gottes befolgen (über: Dein Wille geschehe 2c.)

Wie wohlthätig die Glaubenslehren des Christentums für uns sind.

Über die göttliche Würde Jesu und die ihm deshalb gebührende Verehrung.

Über das Glück Christen zu sein.

Von dem hohen Wert, den die Bibel auch noch in unsern Tagen haben muß, 2. Tim. 3, 15.

Daß man sich auch durch Vernunft und Gewissen von der Göttlichkeit des Christentums überzeugen könne, u. s. f.

Das Freischulkollegium wünscht durch wahrheitgemäße Darstellung die Überzeugung gestärkt zu haben, daß nicht nur eine feierliche Sonntagsstunde für die christliche Jugend ein unnachlässiges Bedürfnis sei, wenn Religion und Gottesdienst nicht noch mehr in Verfall kommen sollen, als es leider schon geschehen, sondern daß auch die Mittel, deren sie sich bedienen, um in den Herzen ihrer Kinder echte christliche Religionsliebe zu erwecken, mit sorgfältiger Überlegung, ohne eigensüchtige Nebenrücksichten und im Geiste Jesu gewählt seien. Denn daß das Reich Gottes, für dessen Ausbreitung Jesus lebte, litt und starb, immer mehr in seiner Größe erkannt und ge-

4*

schätzt werde, daß niemand einen andern Grund zur Seligkeit legen könne, als der durch Jesus gelegte ist und alles, was daraus folgt, das sei auch ihre feste und wahre Überzeugung; nicht des **Eides** wegen, den sie vor dem Consistorio geschworen, sondern weil Vernunft und Gewissen sie überzeuge, daß es keine festeren Stützen der Tugend und Beruhigung giebt, als die richtig verstandene und nicht durch Menschensatzungen entstellte Lehre Jesu enthält. Sie beziehen sich auch hier wieder auf eine Äußerung des Oberhofprediger Reinhard (Plan Jesu III. Th. S. 243), die ihnen aus der Seele geschrieben und die wohl auch die Überzeugung des hohen Kirchenrates sei. Reinhard sagt a. a. O. „Seine (Jesu) Freunde haben einige Vorschriften über den äußern Gottesdienst gegeben, aber sich dabei nach den damaligen Umständen und Sitten ihres Zeitalters gerichtet, und übrigens jeder Gesellschaft freigestellt, sie nach ihren Bedürfnissen zu verändern. Da sind keine heiligen Örter, keine bestimmten Feste ꝛc., der ganze Erdkreis ist Gottes Tempel, an jedem Orte kann man aufheben heilige Hände."

Sonach würden sie auch kein Bedenken tragen, diese feierliche Andachtsstunde auf den **Freitag**, als den Todestag Jesu, oder den **Sonnabend**, als den Beschluß der Woche zu verlegen, wenn sie nicht den Vorwurf, Muhamedaner oder Juden zu sein, befürchten müßten. Sie erwarten aber von der Gerechtigkeitsliebe der Behörde, daß sie nicht fordern werde, diese Stunde später als gleich nach Beendigung des Sonntagsfrühgottesdienstes zu halten, da dieselbe nachmittags von den Kindern nicht besucht werden würde und sie selbst denselben zu ihrer Vorbereitung und Erholung bedürften.

Das Verantwortungsschreiben giebt nun weitere

Auskunft über die in der Verordnung des Leipziger Consistorii enthaltenen Äußerung, daß die Kinder der Freischule sich nicht zu den öffentlichen Examinibus und Catechisationibus in den Kirchen einfänden.

Diese Examina seien wohl unstreitig zunächst für die Kinder bestimmt, welche von sogenannten Privatschullehrern, unter denen, beiläufig gesagt, die meisten darum Schule hielten, weil sie nicht graben möchten und sich zu betteln schämten, unterrichtet würden, — nicht aber für die, von öffentlich ange-stellten und konfirmierten Lehrern der Ratsfreischule, die kein Bedenken trügen, zu behaupten, daß ihre Schüler nichts einbüßten, wenn sie ihren wöchentlichen Lehrstunden beiwohnten, anstatt den Katechisationen in den Kirchen, welche zum Teil von Anfängern im Kate-chisieren gehalten würden.

Allerdings hätten sich in den ersten Jahren der Freischule die Kinder zu den Examen in den Kirchen eingefunden, allein der Rat habe es selbst für gut be-funden, durch den damaligen Vorsteher der Freischule dies abstellen zu lassen, weil durch die Kinder die sonderbarsten, unstreitig von Mißverständnis herrühren-den Nachrichten darüber eingelaufen seien. Da sollte ein Katechet bei Gelegenheit der Erklärung des zweiten Gebots ein Kind gefragt haben: Kannst du denn auch fluchen? und ein anderes aufgefordert haben, einige Flüche zu nennen oder selbst einmal zu fluchen. Da sollte ein anderer Abraham mit einem Spittel-pachter verglichen, die Scheidung der guten und bösen Menschen im künftigen Leben durch das Beispiel des vom Dreilingsmehl geschiedenen Semmelmehls be-greiflich zu machen gesucht, ein Dritter einen um-ständlichen Bericht von der Beschneidung selbst den Mädchen abgefordert und der Himmel weiß, was sonst noch gesagt und gefragt haben.

Sie trauten den Predigern und Katecheten Leipzigs solche Absurditäten nicht zu; aber die Kinder wollten sie gehört haben. Ja, sie wollten sogar verstanden haben, daß einmal ein Katechet oder Examenhalter anstatt ein feierliches Gebet oder eine feierliche Ermunterung zur Aufmerksamkeit vorauszuschicken, die um ihn her versammelte liebe Jugend mit einem Namen angeredet hätte, mit welchem das gemeine Leben die gehörnten Stallbewohner zu bezeichnen pflegt. Solche und ähnliche Mißverständnisse gaben Veranlassung, den Kindern nicht mehr das Besuchen dieser Examen zur Pflicht zu machen. Hierzu sei auch noch der Grund gekommen, daß besonders an den sogenannten Fastenexamen — trotz aller Aufsicht — unvermeidliche Unarten von jungen Mannspersonen vorfielen, welche die dabei anwesenden Mädchen begaffen und sie nach ihren verschiedenen Qualitäten mustern sollten; — wie dies die Küster und Kirchenaufwärter am besten wissen würden.

Der Freischule war weiter in der angezogenen Verordnung der Vorwurf gemacht: „Die Kinder werden zum letzten präparatorischen Konfirmationsunterricht nicht den Predigern und ihren künftigen Beichtvätern überlassen, sie werden nicht in den Kirchen konfirmiert, sondern von den Schullehrern bis zum Genusse des heiligen Abendmahls unterrichtet und in der Schule konfirmiert."

Sie erwidern hierauf: In Leipzig ist es gar nicht gebräuchlich, die Kinder durch Prediger zum heiligen Abendmahl vorbereiten, noch sie in der Kirche konfirmieren zu lassen. Auch in Chemnitz, Freiberg, Plauen u. a. namhaften Städten Sachsens haben die Prediger mit dem Konfirmandenunterrichte nichts zu thun. Es kann auch denselben, besonders in großen Städten, wegen ihren vielen anderweitigen Verrichtungen, dieser Präparandenunterricht nicht wohl zugemutet werden.

Übrigens werden auch die konfirmierten Freischüler, gleich denen in anderen öffentlichen Schulen und von Privatschullehrern vorbereiteten Kinder zu ihrem künftigen Beichtvater geschickt, dem es unbenommen bleibt, sie besonders zu prüfen, was aber bei der vom Domherrn D. Rosenmüller vorausgegangenen Prüfung, über welche den Freischülern ein Zeugnis an ihre Beichtväter zur Verhütung von Mißbrauch gegeben wird, unnötig befunden worden ist.

In keiner Schule vielleicht werde der Konfirmandenunterricht so gewissenhaft als in der Freischule betrieben und noch 14 Tage vor der Konfirmation würden an zwei Nachmittagen alle Konfirmanden in Gegenwart der Eltern geprüft; würde da ein zur Abendmahlsfeier noch untüchtiges Kind entdeckt, so suche man die Eltern zu überzeugen, daß dieses Kind noch ein Jahr lang des Unterrichtes benötigt sei.

Übrigens sei es längst ihr Wunsch gewesen, daß die Konfirmation in einer Kirche gehalten werden dürfte, weil alsdann mehr Erwachsene an dieser Feierlichkeit teilnehmen könnten, als in dem engen Schulsaale; nur müsse dann, wenn Zeit genug zur Prüfung 2c. bleiben solle, die Predigt eingestellt werden. Dieses Ansuchen sei ihnen jedoch als gegen die Verfassung abgeschlagen und der Betsaal als der schicklichste Platz zu dieser Feierlichkeit angewiesen worden. (Siehe Beilage II.)

Und endlich wendet sich die Verantwortungsschrift dem letzten Punkte zu, den Dolzschen katechetischen Unterredungen. Allerdings seien dieselben, bis auf geringe Änderungen vor dem Drucke,
an Sonn- und Festtagen, wenn den Verfasser die Reihe
des Katechisierens getroffen, in der Freischule gehalten worden. Nach dem Drucke jedoch habe man
in der Anstalt weder von ihnen, noch von andern gedruckten Katechisationen Gebrauch gemacht. Da nach
ihrer Meinung Lehr- und Lesebücher für die
Jugend nicht in katechetischer Form abgefaßt sein
dürften, so ergäbe sich schon daraus, daß die Dolzschen
Katechisationen zu diesem Zwecke nicht bestimmt seien,
mithin hierzu in der Freischule auch nicht gebraucht
werden könnten. Das geschehe aber auch nicht in den
Sonntagsstunden, da für diese von dem betreffen-
den Lehrer ein Thema, worüber bisher noch nicht
katechisiert worden, besonders ausgearbeitet werde.
Gerade wie kein ehrlicher Prediger es wagen werde,
eine schon gedruckte Predigt für seine Arbeit auszugeben
und als solche zu halten, ebensowenig falle es einem
bei der Freischule angestellten Lehrer ein, von einer
gedruckten und absonderlich von einer schon in der
Freischule gehaltenen Katechisation diesen Gebrauch
zu machen.

Die Verantwortung betont hierauf nochmals, daß
das Kollegium der Freischule erbötig sei, die Wahrheit jeder Angabe in diesem Berichte erforderlichen
falls eidlich zu erhärten, auch könne sich die Behörde
durch gewissenhafte Sachverständige, öffentliche oder
insgeheime Abgeordnete, durch welche sie die Lehrstunden jederzeit besuchen lassen könne, überzeugen.
Sie wüßten wohl, da sie selbst ihre Jugend mit den
Landesgesetzen bekannt machten, daß eine christliche

Obrigkeit über die Reinheit der Lehre in ihren Kirchen und Schulen wachen muß, wenn Spaltungen und Sektengeist nicht überhand nehmen sollen. Aber hätten sie die Absicht, den Grundlehren des Christentums zuwiderlaufende Äußerungen vorzutragen, so würden sie die Sonntagsstunden aus Furcht vor Denunzianten bei verschlossenen Thüren halten. Aber die christliche Wahrheit, die sie lehrten, die mit der allgemeinen Menschenvernunft, mit der Bibel und dem wohlverstandenen Lehrbegriff der Kirche ganz genau übereinstimme, dürfe das Licht nicht scheuen. Absichtliche oder unabsichtliche Mißverständnisse und Mißdeutungen gänzlich zu verhüten, sei oft bei der größten Vorsicht und Behutsamkeit nicht möglich. Habe es sich doch der gründlich gelehrte und als Muster der größten Vorsicht anerkannte und geschätzte Morus gefallen lassen müssen, in Rücksicht seiner theologischen Grundsätze verkannt und in einer Schrift dem Publikum als ein Irrlicht vorgestellt zu werden. Dürften sie also kleinmütig werden, wenn sie ein ähnliches Schicksal treffen sollte? „Indessen sehen wir uns doch genötigt" — schließt das Schriftstück mit offenem Freimut — „hierbei mit aller Ehrfurcht eine Bitte zu wagen, von deren Gerechtigkeit Ew. Hochwürden und Wohlgeborenen Magnificenzen, Wohl- und Hochedelgeborenen gewiß nicht nur überzeugt sind, sondern deren Erfüllung wir auch von Ihrer väterlichen Fürsorge für das Wohl der Schule und der dabei angestellten Lehrer zuversichtlich erwarten dürfen. Die gewissenhafte Erfüllung unserer Amtsgeschäfte und die mit denselben in Beziehung stehenden andern Arbeiten, denen wir uns, zumal da unsere Stellen keine Accidenzien abwerfen, wir auch nicht einmal das Churfürstl. Tranksteuerbeneficium genießen, das jedem Schullehrer, selbst den

Dem Berichte des Ratsfreischulkollegiums sind nicht weniger als 8 Beilagen angeschlossen:

A. Ein Bericht der Lehrer M. Pohle und Horn als Augen- resp. Ohrenzeugen der Commatzsch'schen Katechisation.

B. Eine Ausarbeitung des Schülers und Confirmanden Knuth, die zwei Bogen umfassend, besonders den 1. und 2. Artikel behandelt.

C. und D. Die Lehrstundenpläne der sämtlichen Knaben- und Mädchenklassen der Ratsfreischule in Leipzig von Ostern bis Michaelis 1801.

E. Das Verzeichnis sämtlicher Bücher, welche in E. E. Rats Freischule teils als Lehr-, teils als Lesebücher gebraucht werden.

F. Plan des M. Pohle beim Bibellesen in der oberen Klasse der Ratsfreischule im laufenden Schulhalbjahre.

G. M. Dolz Plan über den Lutherschen Katechismus von Michaelis 1800 bis Ostern 1801 und

H. M. Dolz Separatrechtfertigung bezl. der 2. und 4. Sammlung seiner Katechetischen Unterredungen und deren Benutzung in der Freischule (wiederum ein Schriftstück von ca. 8 Bogen).

Aus dem 1. Schriftstück erscheint es uns billig, das noch hervorzuheben, was die beiden bei der Unterredung des Commatzsch anwesenden Lehrer M. Pohle und Horn zur Charakterisierung dieses Katecheten anführen.

So behaupten sie, nachdem sie die ersten Fragen und Antworten für richtig erklärt, daß M. Commatzsch (was er jedoch verschweige!) von der auf die 5. Frage erhaltenen Antwort Gelegenheit genommen, gegen die neuern Philosophen, von welchen die wenigsten Kinder der Freischule je etwas gehört haben dürften, in einen kurzen Monolog ausgebrochen sei, und dann die für Schulkinder nach ihrer Meinung ganz ungehörige Frage aufgeworfen: „Wie sich die Moral dieser Philosophen mit der christlichen vergleichen lasse?" — worauf er denn freilich von Schulknaben keine Antwort erhalten konnte. Von einer „gewissen Selbstgefälligkeit", mit welcher der Knabe (welcher?) die 7. Frage beantwortet habe, wissen sie nichts, eben so möge es M. Lommatzsch vor seinem Gewissen verantworten, wie er vorzüglich dem ersten der Knaben, der von der 9.—14. Frage geschwiegen, Naseweisheit beimessen könne. Sie könnten vielmehr eidlich erhärten, daß die Frage eines andern Knaben als des ersten: Ob nicht auch in dem: „Handle gut aus Achtung für deine Pflicht — das Gebot Christi von der Gottes- und Nächstenliebe liege?" mit Bescheidenheit aufgeworfen worden sei. Ja, diese Frage des Knaben habe fast folgen müssen, da M. Lommatzsch kurz vorher schon verlangt habe, sie sollten die christlichen Lehrsätze mit den neuphilosophischen vergleichen und vereinigen, und jene Frage dürfte vielleicht als ein von dem Knaben, für welchen die ganze Aufgabe eine Hieroglyphe sein mußte, auf gut Glück gewagter Versuch zu einer solchen Vereinigung anzusehen sein. Sie erinnern sich nicht bei der Antwort auf die 17. Frage die Worte „Weiter nichts?" gehört zu haben, sonst würde ihnen diese Antwort gewiß aufgefallen sein. Ebenso korrigieren sie die Worte des Superintendent Rosenmüller, wie sie Lommatzsch demselben in den Mund legt: „Mein Sohn, das kann wohl dein Ernst nicht sein!" dahin, daß dieselben gelautet: „Mein Sohn, so bist du von deinen Lehrern gewiß nicht unterrichtet worden!" Ob M. Lommatzsch den Schluß der 19. Frage mit den Worten ausgedrückt: „Was glaubst du von den Wundern und Weissagungen?" oder „Ich will

wissen, für was du die Wunder und Weissagungen
hältst?" — wissen sie nicht mehr, erinnern sich aber
noch, daß sie sich damals mehr über die Ungebühr
gewundert, mit der M. Lommatzsch eine solche ganz
außerhalb der Sphäre seines Textes liegende Frage
aufwerfen konnte, als über die unrichtige Antwort des
Knaben. Daß er aber die auf Frage 20 niedergeschriebene
Antwort von keinem Knaben erhalten, sondern dieselbe
ganz erdichtet habe, könnten sie ebenfalls eidlich versichern.

Wie aber M. Lommatzsch so ganz falsch wahr-
nehmen und urteilen konnte, sei ihnen nur dann erklärbar,
wenn sie ihn sich in der damaligen sichtbaren Zerstreuung
wieder dächten, die ihn öfter die unzusammenhängendsten
Fragen an einander zu reihen, die Konstruktion zu
verlieren und Sprachunrichtigkeiten zu häufen, veranlaßte. Überhaupt habe derselbe viel zu wenig
Geduld und Herablassung, als zu einer katechetischen
Unterhaltung mit Unmündigen erforderlich, gezeigt;
wie denn auch die Gemütseigenschaften und Zustände,
die sein Seherblick an einem Knaben bemerkt haben
wolle, sein eigener — wenigstens damals, als er diese
Fragen gethan — gewesen zu sein scheine. —

Ein Blick in die beiliegenden Lektionspläne ergiebt,
daß die Freischule dem religiösen Unterrichte eine
ganz bedeutende Stundenzahl widmete; eine
viel größere als wir heutzutage für möglich halten
würden. Sind doch in der 3. (die beiden untersten
Elementarklassen, 1. und 2. Kolonne) Klasse wöchentlich 5,
in der 2. zwölf und in der 1. sogar 16 Stunden
dafür angesetzt. Allerdings war auch die Stundenzahl
für jede dieser Klassen — Knaben wie Mädchen —
eine größere. Die 3. Klasse hatte täglich früh 3,
nachmittags 2 Stunden, Mittwochs und Sonnabends

Nachmittag frei; die 2. Klasse täglich früh 4, nachmittags
2 Stunden, Mittwochs und Sonnabends Nachmittag
je 1 Stunde und die 1. Klasse früh 4 und nachmittags 3 Stunden, Mittwoch und Sonnabend nachmittags 2 Stunden.

In der 3. — untersten Klasse — wurden
behandelt die Anfangsgründe der Religions- und
Tugendlehre nach den Vorübungen und die Züricher
Fragen; eine Stunde war der Aufgabe, eine andere dem
Überhören der zu lernenden Liederverse und Denksprüche
gewidmet. Dazu kamen noch Lese- und Denkübungen
im Spruchbuche. (5 Stunden.)

In der 2. — den beiden Mittelklassen —
wurde die christliche Tugend- und Religionslehre nach
dem Oldenburger Unterrichte durchgenommen, ferner
Erklärung der dem Katechismus angehängten biblischen
Sprüche, als Vorbereitung zum verständigen Bibellesen,
Katechismus nach Plan, christliche Religions- und
Pflichtenlehre, Religionsgeschichte nach Rosenmüller,
Aufgabe des die Woche über auswendig zu lernenden
Liedes und biblischer Sprüche, Abhören derselben und
Sonnabends noch „Prüfende Wiederholung der die
Woche vorgetragenen sittlich - religiösen Wahrheiten."
(12 Stunden.)

Für die 1. — Oberklasse — führt der Lektions-
plan auf: Christliche Tugend- und Religionslehre nach
Rosenmüllers Lehrbuche, Aufgabe und Überhören des
die Woche über auswendig zu lernenden Liedes und
der Sprüche, Bibellesen und zwar die vorzüglichsten
Stücke aus dem Alten Testamente und die vorgeschriebenen
Stücke aus dem Neuen Testamente, Katechismus mit
kurzer fruchtbarer Erläuterung der Worte, des Zu-
sammenhangs und der darin enthaltenen Wahrheiten

und Übung im Aufschlagen biblischer Stellen, welche praktische Wahrheiten enthalten. (16 Stunden!)

Für die Mittelklassen wurden auch noch „Übungen im Schönlesen nach dem Gesangbuche" vorgenommen. Direktor Plato erteilte — nach den vorliegenden Plänen — keinen Religionsunterricht, derselbe lag in der Oberklasse hauptsächlich in den Händen des M. Döring und des Vicedirektors Dolz.

Die gewaltige Menge des religiösen Stoffes und der überaus große Zeitaufwand, der seiner intensiven Durcharbeitung in der Freischule gewidmet war, macht es erklärlich, daß die Schüler denselben in der Weise beherrschten und darüber Rechenschaft geben konnten, als es zu unserm Erstaunen aktenmäßig wirklich der Fall war!

Für die Leser, welche sich für die speziell pädagogischen Teile dieser Schrift, für die von den Lehrern der Ratsfreischule beigelegten Schriften interessieren, fügen wir das für den Prozeß bedeutsamste Material, welches einen tiefen Blick in das innerste Leben der Anstalt thun läßt, in Beilagen an.

Es sind dies:

Beilage I: „Fragment eines von einem Schulknaben Knuth gefertigten Aufsatzes, welches eine Wiederholung einiger den Konfirmanden erteilten Lehrstunden, nebst der Korrektur des Lehrers enthält."

Beilage II: Der Schulplan.

Beilage III: Das Bücherverzeichnis.

Beilage IV: M. Pohles Plan über das Bibellesen.

Beilage V: Dolz Plan über den Katechismus.

Aus dem von M. Pohle über das Bibellesen mit der oberen Klasse der Ratsfreischule ausgearbeiteten

Lehrplan ist bemerkenswert, daß dafür wöchentlich 4 Stunden angesetzt sind.

Aus der Beilage G. — ein bis in das kleinste Detail ausgearbeiteter Plan über den Lutherischen Katechismus für das Winterhalbjahr 1800—1801 von M. Dolz — heben wir hier als besonders charakteristisch heraus, was Dolz beim 2. Artikel anführt.

Dolz verlangt, daß jedes Stück des Katechismus zunächst in einer dem Genius unserer Sprache angemessenen Art des Ausdrucks umschrieben werde. In dieser Umschreibung würde der 2. Artikel ungefähr lauten:

„Ich bin aus Gründen der Vernunft und heiligen Schrift überzeugt, daß Jesus Christus in einem so innigen Verhältnisse mit der Gottheit stand, daß er sich mit Recht den eingeborenen Sohn Gottes nennen konnte, daß er als das Oberhaupt der Christen zu verehren sei, daß er sein Dasein als ein Mensch durch besondere Wirkung des göttlichen Geistes erhielt" 2c.

Erklärung:

„Ich bin aus Gründen überzeugt, daß Jesus nicht nur nach seiner göttlichen Natur göttlichen Ursprungs, sondern auch als wahrer Mensch, Mariens Sohn war. Ich erkenne meine Verpflichtung, ihn auch für mein Oberhaupt anzusehen; denn ohne ihn würde ich ganz unglückselig gewesen sein; aber durch ihn bin ich von Unwissenheit, Aberglaube, Sünde und Elend erlöset; er hat mich einer fremden Gewalt, der Macht der Unwissenheit, des Aberglaubens, der Sünde, der Unglückseligkeit — die als Reich des Teufels gedacht werden — entrissen, und mich sowohl davon, als von der Furcht vor dem Tode befreyet. Diese Befreyung (Erlösung) hat er aber nicht etwa durch Aufopferung irdischer Güter, sondern durch Hingabe seines unschuldigen und für die Menschheit so wohlthätigen Lebens bewirkt, damit ich als sein Eigenthum, als ein von ihm Erlöster, keiner fremden Macht huldigen, sondern als ein würdiges Mitglied seines Reichs, fromm, unschuldig und hier und dort selig leben möchte; ihm ähnlich, der vom Tode erstand, lebt und mit Gott herrschet. Dieß Alles ist für den Christen unbezweifelt wahr und gewiß." —

Hieran schließt sich unter H. Dolz' Recht-fertigung seiner katechetischen Schriften. Er giebt zu, daß die Unterredungen der Hauptsache nach in der Freischule wirklich so gehalten worden sind, wie sie in den Händen des Publikums gedruckt sich finden. Da sie aber weder zu einem Lehr- noch Lesebuche für die Jugend bestimmt seien, so könne die Antwort auf die 2. Frage, ob diese Druckschriften in der Freischule gebraucht wurden, nur verneinend ausfallen. Sie sind, sagt Dolz, für angehende Lehrer, insbesondere für Anfänger im Katechisieren bestimmt, welchen sie praktische Fingerzeige über die Methode geben sollen, deren sie sich, sowohl in Absicht auf planmäßige Behandlung eines zu erläuternden Lehrstoffes, als auch in Ansehung der dabei anzu-wendenden katechetischen Form zu bedienen haben. Angehende Katecheten sollen daraus besonders die Art und Weise abnehmen, wie ein Satz an den andern mittels eines natürlichen Übergangs angekettet, wie be-stimmte Fragen überhaupt gebildet, jeder einzelne Satz durch gehörig an einander gereihte Fragen erläutert und jede praktische Wahrheit, wäre sie auch nur eine, aus einem Hauptsatze der christlichen Glaubens- oder Pflichtenlehre gezogene Folgerung, nicht bloß dem Verstande einleuchtend, sondern auch dem Herzen nahe gebracht werden könne. Nach seinem Wunsche soll also kein Lehrer, der diese Katechisationen besitzt, sie wörtlich mit seinen Schülern so halten, sondern er soll nur den Geist der Form, in welcher sie abgefaßt sind, daraus entlehnen und nun im Geiste, nicht aber im Buchstaben diese Form, jeden beliebigen Lehrsatz, welcher einer katechetischen Zergliederung fähig ist, zu entwickeln versuchen. Findet der denkende Jugend- lehrer einen oder den andern in diesen Unterredungen vorkommenden Gedanken den Bedürfnissen seiner Jugend angemessen, so kann er auch davon auf eine jenem Geiste der Form angemessene Art Gebrauch machen.

Man habe es als einen wesentlichen Mangel an diesen Unterredungen bemerkt, „daß in denselben von der durch die heilige Schrift den Menschen ge- schenkten Offenbarung überhaupt und den in selbiger gegründeten Unterscheidungslehren nirgends hin- längliche Belehrung gegeben würde."

Dolz findet diesen Vorwurf keineswegs ungegründet. Aber in diesem Vorwurfe selbst werde doch zu seiner Beruhigung zugestanden, daß die Unterscheidungslehren des Christentums und die Quelle derselben, als göttliche Offenbarung, in seinen Unterredungen nicht mit gänz- lichem Stillschweigen übergangen sei, woraus sich schon die Folgerung ergäbe, daß er das Ansehen der heiligen Schrift, als eine göttliche Offenbarung, ebenso- wenig als die darin enthaltenen Unterscheidungslehren geleugnet oder in Zweifel gezogen habe; er vielmehr nur deshalb in Anspruch genommen werde, weil die in diesen Unterredungen vorkommenden Belehrungen über diese Punkte nicht so ausführlich gegeben seien, als sie in einem vollständigen Religionsunterrichte für eine christliche Jugend mit Recht erwartet werden darf.

5 *

Die hieraus entstandenen Bedenklichkeiten, als
würden die Schüler weder von ihm, noch von andern
Lehrern mit der heiligen Schrift, als göttliche Offenbarung, und den Unterscheidungslehren des Christentums
nicht hinlänglich oder so vollständig als es zur Tugend
und Seligkeit für nötig erachtet werden müsse, bekannt
gemacht, befremden Dolz durchaus nicht.

Seine Erklärung werde aber diese Bedenklichkeiten
heben und ihn vollkommen rechtfertigen. Seine, in
einigen Sonntagsstunden gehaltenen und gedruckten
Katechisationeu sollen weder Lehrbücher der christlichen
Religionslehre sein, noch ausführliche Wiederholungen
des von ihm und andern Lehrern der Freischule erteilten
wöchentlichen Religionsunterrichts. Ihr Zweck geht
nur dahin, der Jugend eine lehrreiche und zunächst
auf Erbauung berechnete Ansicht von einer, den
Schülern meistenteils schon vorher erklärten Religionswahrheit selbst oder einer daraus fließenden
Folgerung zu geben. Darum konnte auch von derjenigen Hauptlehre des Christentums, welche zu einem
daraus hergeleiteten Thema in seinen Katechisationen
Veranlassung gab, nur soviel wieder in Anregung
gebracht werden, als für den gegenwärtigen Zweck
schlechterdings notwendig war; das Übrige mußte, als
aus andern Lehrstunden bekannt, vorausgesetzt werden.

Dolz führt nun ausführlich aus, daß die Schüler
der Anstalt mit den Lehrsätzen der christlichen Kirche,
ihren Unterscheidungslehren, als mit der den Menschen
durch die heilige Schrift geschenkten Offenbarung, ganz
vollständig bekannt gemacht würden und zwar
1. bei Erklärung der heiligen Schrift selbst,
wozu wöchentlich mehrere Unterrichtsstunden bestimmt
seien, 2. bei Erklärung des Lutherschen Kate-

chismus, zu dessen katechetischer Zergliederung ebenfalls
mehrere Stunden in jeder Woche für die 4 ersten
Klassen bestimmt seien, 3. bei dem eigentlichen
vollständigen und systematischen Religionsunterrichte, welcher nach D. Rosenmüllers christlichem
Religionsbuche mit abermaliger beständiger Rücksicht
auf den Katechismus und die Bibel erteilt und wobei
Satz für Satz des Lehrbuchs so sorgfältig zergliedert
werde, daß oft 2 Zeilen Text eine mehrere Stunden
hindurch gehende Erklärung nötig mache, und 4. bei
Erklärung derjenigen Bibelsprüche und Lieder,
welche den Schülern außer den von ihnen zu merkenden
Hauptbeweisstellen jedes Lehrsatzes alle Wochen
zum Auswendiglernen noch besonders aufgegeben
wurden. Diese Sprüche und Lieder würden ebenfalls
in 2 eigenen wöchentlich dazu bestimmten Stunden
katechetisch erklärt, wobei die in jenen Aufgaben
enthaltenen und noch einer vollständigen Auseinandersetzung bedürfenden Lehrsätze des Christentums vollständig
erklärt und bewiesen würden. Selbst beim Hersagen
dieser memorierten Stücke werde nicht selten Veranlassung
genommen, durch allgemeine examinatorische Fragen
zu erforschen, ob die Erklärung gefaßt und behalten
worden sei, 5. bei den zur Übung im Aufschlagen
biblischer Stellen bestimmten Stunden, wobei
nicht etwa nach blindem Zufall verfahren werde,
sondern nach einer gewissen Ordnung von allen Lehrsätzen des Christentums handelnde Stellen aufgesucht,
und je nachdem ihr Inhalt mehr oder weniger Erläuterung bedürfe, auch weitläufiger oder kürzer entwickelt werde, 6, bei dem Unterrichte in der Religionsgeschichte, wo die eigentümlichen Lehrsätze des
Christentums in Vergleichung mit den irrigen Religions-
meinungen der Heiden, ganz vorzüglich in ihrer Hoheit

und göttlichen Würde erscheinen müßten. Und da sich
zu einer vollständigen Darlegung des historischen Teils
der christlichen Religionslehre bei diesem Lehrgegen-
stande sehr natürliche Veranlassung darbiete, so werde
diese in der Freischule gewiß nicht ungenutzt vorbei-
gelassen.

Ganz besonders aber würden die Freischüler und
Freischülerinnen 7. bei dem, über ein halbes Jahr
vor der Konfirmation in eigenen Stunden
vorausgehenden Konfirmandenunterrichte mit
den Unterscheidungslehren des Christentums und der
Kirche ganz vollständig bekannt gemacht. Hier richteten
die Lehrer fast ausschließend ihr Augenmerk auf diese
Lehren, wie dies im Berichte sämtlicher Lehrer dar-
gestellt worden sei.

In den Sonntagskatechisationen könne
füglich schon darum, weil an denselben die Schüler
und Schülerinnen der 2. Klasse Anteil nehmen, die
höheren Lehren des Christentums nicht beständig und
in einer ausführlichen Erläuterung vorkommen, sondern man müsse sich dabei vorzüglich auf allgemeine,
auch den jüngeren Schülern verständlich zu machende,
dem Geiste des Christentums gemäße Sätze beschränken,
und könne jene, den Schülern der ersten Ordnung ver-
ständliche, höheren Lehren in den Sonntagsstunden nur
gelegentlich berühren, damit auch die unteren Klassen
nicht ganz leer dabei ausgingen.

Dolz hofft, daß diese Auseinandersetzung hinreichend sein werde zu seiner Rechtfertigung, warum
in diesen Unterredungen von den Unterscheidungslehren
des Christentums keine hinlängliche oder vollständige
Belehrung zu suchen und zu finden sei „welche man ja
auch in den wenigsten Predigtsammlungen antreffen
dürfte."

Eine andere gegen diese Unterredungen gemachte Erinnerung bestehe darin,

> daß alles auf die Vernunft und deren Bildung ausschließend zurückgeführt werde.

Dolz gesteht willig zu, daß in seinen Unterredungen der Vernunftbildung ein hoher Wert beigelegt werde. Aber die Vernunft, deren Bildung er der Jugend so dringend empfehle, sei nicht die in unfrucht-baren Spekulationen, Hypothesen und Subtilitäten sich verlierende Vernunft, die immer noch fortfährt zu grübeln, wenn der gesunde Menschenverstand aufhört zu bestätigen und die, indem sie die Ähren zu lange drischt, das Korn zerquetscht; diese Vernunft, wenn man sie anders so nennen möge, müsse auch — nach seiner festen Überzeugung — unter dem Gehorsam des praktischen Glaubens gefangen genommen werden, denn sie entfernt von dem Leben, das aus Gott ist. Aber die Vernunft, deren Bildung in seinen Unterredungen empfohlen werde, sei die treueste Freundin und Gefährtin des Christentums, welche die göttliche Offenbarung nicht stolz verachtet und herab-setzt, sondern die sich zu der Überzeugung zu erheben fähig sei, daß Gottes Offenbarungen zwar höher als alle Menschenvernunft, aber nicht wider die Vernunft sind und sein können.

Sie ist das große Geschenk der Gottheit, wodurch der Mensch sich über das Tier des Feldes erhebt, wo-durch er fähig wird, die Wahrheiten des Christentums zu verstehen, zu fassen, ihre göttliche Kraft zu empfinden und auf das tägliche Leben anzuwenden: die ihn fähig macht, den Wert der bürgerlichen Gesellschaft und ihrer Gesetze sowohl, als die Pflicht und den Wert einer nützlichen Thätigkeit zum Besten des Vaterlandes,

die Pflicht und den Wert der Treue der Unterthanen
gegen ihre Fürsten und ihre Obrigkeit überhaupt ein-
zusehen, die alle gewaltsamen Revolutionen und un-
rechtmäßige Widersetzlichkeit gegen rechtmäßige Befehle
der rechtmäßigen Obrigkeit, auch wenn kein ausdrückliches Tumultmandat vorhanden wäre, als Hochverrat
an der Menschheit, als Eingriff in Gottes Ordnung
anzusehen fähig sei, kurz, den weisen Anordnungen der
Obrigkeit nicht etwa aus Furcht vor Strafe und weil
sie muß, sondern weil es so recht und Pflicht ist, ge-
horcht u. s. w.

Diese und keine andere Vernunft sei es, deren
Bildung er empfehle; und daß diese gebildet werde,
dies könne und werde selbst Sr. Kurfürstl. Durchlaucht
nicht zum Mißfallen, sondern zum Allerhöchsten landes-
väterlichen Wohlgefallen gereichen. Dolz fügt noch
hinzu, weil er nicht Gelegenheit gehabt, sich in seinen
katechetischen Unterredungen darüber so ausführlich zu
erklären, als es hier geschehen, allerdings die Vermutung entstehen konnte, als habe er das Wort Vernunft in jenem, von ihm selbst verworfenen Sinne
genommen, was jene Ausstellung zur Folge hatte. So
glaube er aber auch, sich in Ansehung dieses Vorwurfs
hinlänglich gerechtfertigt zu haben, zumal wenn er
noch hinzufüge, daß in seinen Unterredungen überall
sehr deutliche Fingerzeige gegeben würden, wie wenig
Wert selbst die Bildung der Vernunft in dem edlen
Sinne des Wortes habe, wenn nicht ein veredelter
Wille oder ein gutes, religiöses Herz damit verbunden sei. Die Überzeugung aber, daß auch in der
christlichen Religion sich alles auf Bildung der Vernunft und Veredlung des Herzens beziehe, verdanke er
nicht nur nächst der heiligen Schrift seiner eigenen
Vernunft, sondern auch dem verdienstvollen Oberhof-

prediger Reinhard, in deſſen „Plan Jeſu" es S. 224
hiervon alſo heißt:

> „Alles iſt bei ihr (der chriſtlichen Religion)
> geiſtlich: Alles bezieht ſich auf Erleuchtung des
> Verſtandes und Beſſerung des Willens."

Zum Überfluſſe will Dolz indeſſen doch noch einige
Stellen aus ſeinen Unterredungen ausheben, in denen
es unverkennbar ſei, daß ſeine Abſicht keineswegs dahin gehe, durch die empfohlene Bildung der Vernunft
das Chriſtentum zu verdrängen.

Teil III, S. 15 heißt es: Ihr habt Gelegenheit
eure Vernunft zu bilden und die Religionslehren Jeſu
kennen zu lernen.

Teil IV, S. 63 werden die Schüler ausdrücklich
zum treuen Bekenntniſſe Jeſu ermuntert.

Die ganze 2. Katechiſation im III. Teil über den
Satz: Durch welche Umſtände ward die Ausbreitung der chriſtlichen Religionslehre von
der Vorſehung vorbereitet und erleichtert,
zeige zur Genüge, daß die Einführung der chriſtlichen
Religionslehre in die Welt ganz als das Werk einer
beſondern göttlichen Vorſehung betrachtet werde.
Von dieſer Seite ſähe ſie der Naturaliſt gewiß nicht
an, der auch nicht, wie in ſeinen Unterredungen Teil IV
S. 24 geſchieht, behaupten werde, daß ſich die Lehren
Jeſu notwendig jedem denkenden Menſchen, der ſie
kennt, als ein himmliſches Geſchenk, als göttliche (von
Gott bekannt gemachte) Lehren empfehlen müſſe. Der
Naturaliſt werde auch nicht, wie S. 27 geſchieht, be-
haupten, daß Jeſus, als der Herr aller Chriſten, und
S. 31, der Glaube an ihn als eine Bedingung zur
Seligkeit anzuſehen ſei; der werde auch endlich nicht
(wie S. 41) von der hohen Würde oder göttlichen
Natur Jeſu eine Ermunterung zur Befolgung der

Lehren des Christentums hernehmen. Solche und ähnliche
Äußerungen setzten bei dem Lehrer und den meisten Schülern Kenntnis und Überzeugung von den Unterscheidungslehren des Christentums und von dieser Religion selbst
als von einer göttlichen Offenbarung voraus.

So wenig Dolz hiernächst auch in Abrede stellen möge,
was ferner gegen seine Unterredungen erinnert werde,

> daß in denselben die ganze Religion auf
> den Glauben an Gott und Unsterblich-
> keit reduzieret würde,

so habe er doch niemals diese Lehren als die einzigen
Lehren des Christentums ausgegeben, wie schon das
nach Angabe derselben gemeinlich beigefügte: Und so
weiter anzeigen könne, sondern sie würden nur als
die beiden obersten Wahrheiten aufgestellt, in welchen
alle übrigen enthalten sind. Diese nähere Erklärung
findet sich auch in den Unterredungen selbst: Teil IV
S. 19 heißt es: „Ich will aber damit nicht so viel
sagen, als wären die Wahrheiten von Gott, dem
heiligen Gesetzgeber, dem weisen Weltregierer und gerechten Vergelter, die einzigen Religionslehren, welche
man richtig verstehen müsse, wenn man sagen wolle,
man habe reine, echt christliche Religionsbegriffe. Nein,
meine Kinder, die Religionslehre schließt noch andere
Wahrheiten in sich. Allein die angegebenen Wahrheiten machen gleichsam die Grundlage der ganzen
Religionslehre aus. Teil IV, S. 52 wird von dem
christlichen Glaubensbekenntnis geredet, das nicht nur
den Glauben an Gott und Unsterblichkeit überhaupt,
sondern auch insbesondere den darin gegründeten
Glauben an Jesus, als den Beförderer unserer Religionskenntnisse, unserer Tugend und Seligkeit in sich
schließe, und dann hinzugefügt:

„In diesen Hauptwahrheiten sind viele andere

enthalten, die sich daraus herleiten lassen. Wie
viele einzelne Wahrheiten liegen nicht in den
wenigen Worten: ich glaube an Gott! Hierin
liegt die ganze Lehre von Gottes Eigenschaften,
von seinen Werken, von seinen Verhältnissen
zur Welt, von den Wohlthaten, die uns Gott,
der Vater, den Menschen durch seinen Sohn
Jesum und durch seinen Geist erzeigt u. a. m."
Übrigens habe er auch darin, daß er die Lehre
von Gott und Unsterblichkeit als Hauptlehren aller und
der christlichen Religion aufstellte, den Oberhofprediger
Reinhard in seinem Plane Jesu (13. Aufl.) zum Vorgänger, der S. 22 diese Lehren die wichtigsten Wahrheiten, S. 26 die wahren einzigen Fundamente der
menschlichen Tugend nennt und S. 29 behauptet, daß
durch die, in der Lehre Jesu mit jenen Hauptwahrheiten in Verbindung gebrachten andern Lehren, jene
Grundlehre aller Religion weiter bestimmt, in ein
neues Licht gesetzt und für das menschliche Herz ein-
dringender gemacht worden sei. Ja, dieser große
Gottesgelehrte bemerke noch S. 240:

"Der Geist kann eine Partei ergreifen, bei
welcher jene Hauptwahrheiten am reinsten vorkommen oder er kann sich zu gar keiner schlagen
und sich nur fest an den Grund halten. Niemand soll es wagen, ihn bei dem Gebrauche
dieser Freiheit zu stören. Zwang und Gewalt,
sie haben Namen, wie sie wollen, soll sich nie
in die Angelegenheiten der Religion mischen."
Und welcher wahre Bekenner Jesu werde nicht
in diese goldnen Worte mit Herz und Mund einstimmen?
Nach diesen bereits von Dolz beigebrachten näheren
Erklärungen scheine nun auch der Einwurf:

es werde in einem Geiste katechisiert,
der für eine Armenschule in Rücksicht auf
die künftige Bestimmung der Kinder, die
darin unterrichtet werden, unzweckmäßig
ist, und wodurch jeder junge Schüler oder
Leser vom praktischen Sinne leicht abgelenkt werden könne —

gehoben zu sein, welcher sich durch die über den Zweck
der Freischule in dem Bericht der sämtlichen Lehrer
gegebenen Darstellung noch mehr verlieren dürfte.
Wäre die Freischule vom Rate der Stadt Leipzig bloß
dazu bestimmt, daß in derselben nur künftige Tage-
löhner und Handarbeiter unterrichtet werden sollten,
so könnte allerdings der in seinen Katechisationen herr-
schende Geist nicht ganz zweckmäßig scheinen, wiewohl
auch diese nicht von der Erkenntnis der Wahrheit ausgeschlossen seien, zu welcher nach Gottes Willen alle
Menschen gelangen sollen (1. Tim. 2, 4). Allein der
Zweck der Ratsfreischule sei ein höherer. Sie soll eine
Bürgerschule im ganzen Umfange des Wortes, aber
nur für Kinder solcher Eltern sein, die durch oder ohne
ihre Schuld in Armut gerieten, und die vielleicht ehedem zu den ansehnlichsten Familien der Stadt gehörten,
deren Väter oder Urväter wohl gar zur Zeit eines
Krieges der Stadt und dem Vaterlande die ersprieß-
lichsten Dienste leisteten, und denen es die Oberhäupter
der Stadt schuldig zu sein glaubten, ihren Kindern oder
Enkeln oder Urenkeln einen solchen Unterricht geben zu
lassen, der den Verdiensten dieser Vorfahren angemessen
sei, weswegen denn auch der hochweise Rat dieser
Stadt wohlbedächtig bei Benennung dieser Anstalt den
Namen einer Freischule dem einer Armenschule vor-
zuziehen für nötig und zweckdienlich schien.

Vor Gott und seinem Gewissen sei er es sich bewußt, daß er bei seinen Unterredungen nichts anderes beabsichtigte, als praktischen Sinn in den jungen Gemütern zu erwecken und zu befestigen und zwar verstehe er darunter eine solche Denkungsart, die sich durch pflichtmäßiges, christliches Han- deln und Wirken und durch einen festen, in dem Herzen gegründeten Religionsglauben an den Tag legt. Zum praktischen Sinn gehören demnach

a) richtige, deutliche, vollständige und gründliche Erkenntnis der gesamten Christenpflichten;

b) Überzeugung von der Notwendigkeit ihrer Erfüllung aus edlen, christlichen Beweggründen (Matth. 5, 20);

c) darauf gegründete herzliche Liebe zum Guten überhaupt und zu allem, was Mensch heißt;

d) richtige, deutliche, vollständige und gründliche Erkenntnis und unerschütterlich feste Überzeugung von den Wahrheiten der christlichen Religion, ohne welche es an aller Ermunterung zur Tugend und an allem Troste in Leiden fehlen würde, und endlich

e) ein im täglichen Leben sich zeigender Einfluß dieser Überzeugungen auf das Denken, Wollen, Thun, Hoffen und Glauben der Sterblichen

oder, wie dies der ehrwürdige Niemeyer in einem Kirchenliede kurz so ausdrückt:

die ächte Frömmigkeit,
die nicht in Mienen heuchelt,
die aus dem Herzen quillt,
mit falschem Trost nicht schmeichelt,
die Jesu Christ und Sinn
nachahmt und in sich nährt.

Dolz bezeugt feierlichst vor dem Allwissenden, daß sein vorzüglichstes Augenmerk darauf gerichtet gewesen, diesen Sinn, den er für den größten Adel und den

schönsten Schmuck der Menschheit halte und ohne
welchen alle Einsicht, alle Geschicklichkeit, alle Kunst und
alle Güter der Erde nur Tand und Flitterwerk und
ihre Inhaber, wie die hl. Schrift sagt, nur tönende
Erze und klingende Schellen sind, in den Herzen seiner
Schüler zu erwecken und zu beleben.

Habe er in der Bestimmung dessen, was den
praktischen Sinn ausmacht, geirrt, und könne er von
diesem Irrtum überzeugt werden, so wolle er sich nicht
schämen, seinen Irrtum einzugestehen und zu verbessern.

In Ansehung des letzten, seinen Unterredungen
gemachten Vorwurfs

> daß die Schüler dadurch mit halbgefaßten
> Begriffen angefüllt und leicht zum
> selbstsüchtigen Dünkel verleitet werden
> könnten,

versichert Dolz ebenfalls, daß bei diesen katechetischen
Arbeiten sein Bestreben vorzüglich dahin ging, jeden
noch nicht in der Seele des Schülers zur Klar-
heit gekommenen Begriff so genau zu zer-
gliedern, als es ihm nur möglich war und dadurch das richtige Auffassen desselben den
Schülern möglich zu machen. Das Publikum habe
auch, vorzüglich wegen der Zergliederung der Begriffe,
die es in seinen Unterredungen bemerkt haben wolle,
denselben eine weit ehrenvollere Stelle in der Reihe
der katechetischen Werke angewiesen, als er ihnen selbst
einräumen könne.

Heute noch sei er bereit, seine bisherige Lehrart
mit einer andern zu vertauschen, sobald er von praktischen Männern überzeugt werde, daß durch den, in
seiner Lehrart herrschenden Geist junge Menschen leicht
zum selbstsüchtigen Dünkel verleitet werden könnten.
Zwar sei die edelste Wahrheit Mißverständnissen, Miß-

deutungen und dem Mißbrauche ausgesetzt; denn wie
oft sei nicht schon die Lehre von der Rechtfertigung
durch Christum zur fleischlichen Sicherheit und die von
der Würde des Menschen (Matth. 6, 26) zum geistlichen Stolze gemißbraucht worden. Aber darum sei
doch dieser Mißbrauch nicht jenen Lehren selbst, noch
auch allemal der Art, wie sie vorgetragen werden, zu-
zuschreiben. Er sei sich wenigstens nicht bewußt, irgend-
wo in seinen Unterredungen der Selbstsucht, die alles
auf ihr liebes Ich bezieht, alles nur um des eignen
Vorteils willen thut, und die er als eine wahre Pest
der menschlichen Gesellschaft von ganzer Seele verab-
scheue, das Wort geredet zu haben. Jedes Blatt seiner
Unterredungen spreche für sein Bemühen, Liebe zur
Pflicht und zu Gott als den Grund aller Pflichten,
das Ziel menschlicher Bestimmung nach Jesu Lehre:
Seid vollkommen, wie auch euer Vater 2c. so wichtig
und groß vorzustellen, daß es einleuchte, die Annähe-
rung zu demselben sei nicht das Werk einiger Stunden,
sondern es gehöre dazu der angestrengteste Kampf und
eine unausgesetzte Wachsamkeit über das Herz. Werde
nicht in diesen Unterredungen bei jeder schicklichen Veranlassung vor pharisäischem Stolze und Selbstdünkel
gewarnt, gewarnt vor dem Wahne, als sei man schon
ein guter Christ, wenn man nur einen gebildeten Verstand habe, aber mit demselben kein veredeltes Herz
verbinde? Und dies sei in keiner andern Absicht geschehen, als um die, auch seinem Unterrichte anvertraute
Jugend vor selbstsüchtigem Dünkel, so viel in seinen
Kräften stand, zu bewahren.

Auch der Vorsteher der Schule wandte sich nochmals in einem Schreiben an den Rat, aus dem uns

mehr das interessiert, was er nach dem Konzepte weg-
ließ, als das übrige bereits Bekannte.

„Über die Religionslehren und Vorträge, die in
der Freyschule gehalten werden, geziemt es mir nicht,
eigentlich etwas davon zu erwähnen, denn dieses unter-
werfe ich weiserm Ermessen. Nur dieses aber will ich
anführen, daß ich nach meiner Überzeugung, und das
kann ich heilig versichern, von den Lehrern — es sey
in den Sonntäglichen oder wöchentlichen Catechisationen,
welche ich sehr oft besuchte, und zwar unerwartet, der
mir gemachten Einwendung gemäß, noch nie getäuscht
worden bin, es wäre denn, daß sämtliche Lehrer schlecht-
denkende Menschen wären und ich gänzlich Mangel
an Verstandeskräften besäße. Es giebt aber auch
Menschen, welche zur Erlangung eigennütziger End-
zwecke jedes gehörte Wort dem Sinne nach giftig ver-
drehen und es dann verbreiten, so wie ich aus Erfahrung
weiß, daß es Stemmlern, Körnern, Jden, Thalmann
u. a. m. ergangen ist, von denen ebenfalls falsche
Urtheile verbreitet worden sind. Aber nur derjenige,
der sich von dem Wahren und Falschen zu überzeugen
sucht, wird fest im Glauben. Und dieses hat kürzlich
ein sehr angesehener und mit einer hohen Stellung
bekleideter Fremde, welcher — wie er gestand — mit
ihm beygebrachten Vorurtheilen gegen die Freyschule
erfüllt, bewiesen, indem derselbe — um sich von der
Wahrheit zu überzeugen, beynahe 14 Tage die Klassen
der Schule täglich unbestellt besuchte, auch zuletzt ausdrücklich eine Catechisation über die Lehre von der
Dreyeinigkeit und dem Versöhnungstode Jesu verlangte
und abwartete. Eben dieser hat sich sodann über die
ungeheuchelten Fragen des Lehrers, als auch der
ebenso unbefangenen und richtigen Antworten der
Kinder gefreuet und sie bewundert, zugleich auch zum

Beweise seiner bessern Überzeugung und Freude den
Lehrer umarmt, dabey aber sein inniges Bedauern
darüber laut zu erkennen gegeben, daß noch so viel
Vorurtheil gegen die Schule herrsche, da doch die Lehre
selbst dem Catechismus Lutheri conform, folglich nicht
irrig sei." —

Eine Nota von Hansens Hand besagt hierzu:
„Nebenstehendes 2c. hat der Herr Oberstadtschreiber
Pernitzsch mir abgerathen beyzufügen, indem dessen
Inhalt Anzüglichkeiten auf Herrn Hofrath Apel zu
enthalten schienen, obgleich Wahrheit darinnen wäre.
Ich habe daher, um nicht mehr Erbitterung zu be-
würken, dieses in der überreichten Abschrift vor jetzo
weggelaßen." (Leipzig, den 19. Okt. 1801).

Hansen hatte nur zu sehr auf die wohlwollende
Gesinnung des Rates gegenüber der Freischule zu
rechnen. Diese befand sich wieder in den drückendsten
materiellen Verhältnissen. Schon Ostern 1801 betrug
die Ausgabe (3443 Thlr. 16 Gr.) über 1200 Thaler
mehr als die Einnahme (2234 Thlr.).

Erst nach den langwierigsten Verhandlungen und
nachdem J. Hansen mit seinem Bruder, dem Mitvorsteher
des Arbeitshauses für Freiwillige, auf die diesem In-
stitute aus der Einnahmestube zeither gereichte Unterstützung völlig Verzicht gethan, wurden die auf dieses
Jahr fälligen 500 Thaler der Freischule zur Bestreitung
der dringendsten Ausgaben überwiesen.

Dagegen sollte die Anstellung noch einiger
Nebenlehrer solange ausgesetzt bleiben, als
„bis ein gnädigstes Rescript auf den ohnlängst
der Freyschule halber erstatteten Bericht eingegangen sein werde. Wie denn überhaupt dahin
zu sehen, daß die Zahl der aufzunehmenden Kinder
nicht höher ansteige und für die Zukunft nicht mehr

als Sechshundert in dieser Freyschule unterrichtet werden mögen."

Im übrigen wurde dem Vorsteher „die so angelegentlich gebetene Unterstützung in dem Maße bewilligt, daß vor der Hand und bis auf weitere Anordnung, die im Vortrage bemerkten Sechshundert Thaler aus der Einnahmestube zur Freyschulenkasse alljährlich bezahlet werden sollen 2c."

Der Erlaß ist von Heinrich Friedrich Innocentius Apel, D., regierender Bürgermeister, unterzeichnet.

Daß mit einer so unzureichenden Summe schlechterdings nicht auszukommen war, die Schule also auch nicht gehoben werden konnte, liegt auf der Hand. Bald erhoben sich die alten Klagen aufs neue.

„Wie ich gehört," schreibt Plato, „bekommt die Thomasschule, welche schon 7 Lehrer und 2 Collaboratoren hat, nun auch einen ordentlichen französischen und Italienischen Sprachlehrer durch die Mitsorge des Herrn Cons. reg. Auch hat der Herr Professor Meißner eine ansehnliche Zulage erhalten. Sollte denn auf eine umständlich detaillirte Darstellung von Ew. Wohlgebohren, welche so eingerichtet werden müßte, daß Sie selbige dem Senatui Amplissimo vorlegen könnten, gar Nichts zu erlangen seyn? — Auch nicht Hoffnung zu einem Gehalt für einen tüchtigen Mitarbeiter zu erbitten seyn? — Herr D. Rosenmüller schlug ehemals Ihrem Herrn Vorfahren, als er über den erschöpften Fond klagte, als das Mittel, selbigen auf einmal zu vermehren, eine Collecte vor, wodurch die Berliner ihre Armenanstalten so vortrefflich auf einmal geholfen hätten!" —

Der vom Rate der Stadt Leipzig gemeinsam mit dem Superintendenten Rosenmüller unter dem 25. September 1801 erstattete Bericht an das hochlöbliche

Konsistorium zu Leipzig, gelangte am 2. Oktober d. J.
samt den dazu gehörigen Akten und 3 broschierten
Schriften an dasselbe. Rat und Superintendent beziehen sich in demselben auf alle die von ihm zu diesem
Zweck nötig erachteten Anordnungen, insbesondere
und in ganz objektiver Weise auf die Berichte des
Lehrerkollegiums und des Vicedirektors der Ratsfreischule. Je mehr sie von der Wichtigkeit der in jener
Konsistorialverordnung enthaltenen Gegenstände selbst
überzeugt seien und je mehr ihnen daran gelegen sein
müsse, daß die von dem Rate nach vieljährigen Bemühungen, Überlegungen und Sorgen gestiftete und
unter göttlichem Beistande und Segen endlich zu Neu-
jahr 1792*) eröffnete Freischule neben dem Bestreben,
den in vorigen Zeiten beim Unterrichte der Jugend
wahrgenommenen Mängeln und Gebrechen abzuhelfen,
und diesen Unterricht selbst, nach dem Maße des Er-
kenntnisses des gegenwärtigen Zeitalters einzurichten,
doch auch vorzüglich in Absicht auf die Reinheit der
Lehre in gutem Rufe erhalten werde, desto mehr
hätten sie sich angelegen sein lassen, jene Verordnung
in allen Stücken, soweit es ohne Aufsehen und
Sensation bei den Einwohnern dieser Stadt
und anderer Orte zu erregen, nur immer geschehen
können, Genüge zu leisten.

Wir begnügen uns aus dem ganzen Schriftstücke
nur das herauszuheben, was Superintendent D. Rosenmüller zu den Darlegungen des Rates eigenhändig
ad marginem bemerkt hat.

„Auch ich, der Superintendent, kann bezeugen,
daß M. Lommatzsch mitunter sehr ungeschickte und gar
nicht zu seinem Texte Matth. 5,20 passende Fragen

---

*) Am 16. April!

gethan hat, worauf freilich keine anderen als ungeschickte Antworten erfolgen konnten; weshalben ich ihm auch nach geendigter Catechisation privatim eine Weisung gegeben habe."

Bezüglich Dolz bittet Rosenmüller das Kolle- gium, wie er es unter dem 19. Dezember 1799 bereits gethan, in dem zu erstattenden Berichte mit anzu- führen, wie sich die Kinder aus der Freischule in ihren Antworten auf die Fragen, die ihnen von mehreren Candidatis examinandis in pleno confessu vorgelegt worden, bisher exhibiert hätten, sowie den schriftlichen Entwurf der Katechisation des M. Dolz über den 2. Artikel des Lutherschen Katechismus, welche derselbe vor dem hohen Konsistorium unter Vorsitz des Appel- lationsrats Dr. Börner gehalten habe, mit einzu- schicken. Er habe aus guten Ursachen Dolz jenes Thema selbst aufgegeben.

Weiter weist der Rat darauf hin, daß nach dem Ableben des Geheimen Kriegsrats und Bürgermeister Dr. Müller, welcher zur Stiftung dieser Armen-Freischule hauptsächlich mitgewirkt und dieselbe bis an seinen Tod unter seiner besonderen Aufsicht behalten, diese Anstalt einen neuen Vorsteher in der Person ihres Kollegen, des Baumeisters Justus Heinrich Hansen erhalten, und daß dieser sich in dieser Eigenschaft für verpflichtet gehalten habe, seinerseits der Schule be- züglich ihrer untadelhaften Einrichtung und der darinnen eingeführten Lehrart sowohl als ihres ausgezeichneten Nutzens das Wort zu reden.

Die Oberaufsicht über dieselbe, also auch über Lehrer und Lernende, hauptsächlich aber über die Besetzung der zur Erledigung kommenden Stellen habe er — der Rat — sich jedoch ausdrücklich vorbehalten und den Vorsteher angewiesen, von jeden sich etwa

ereignenden wichtigen Veränderungen ihm jedesmal
Nachricht zu geben, insonderheit dem regierenden Bürgermeister von allen wichtigen Vorfällen Anzeige zu thun.

Im übrigen lasse sich wohl von selbst ermessen,
daß ihm die aus dem gegenwärtigen Vorgange hervor-
scheinende Vermutung: als ob der in der Freischule
erteilte Religionsunterricht hin und wieder
von dem in unserer Kirche angenommenen Lehrbegriff sich entferne, gar nicht gleichgiltig sein
könne und so sehr ihm auf der einen Seite die Auf-
rechthaltung dieser, nach dem Zeugnis aller sach-
kundigen und achtungswerten Männer des In- und
Auslandes, die sich von ihrer inneren Beschaffenheit
zu unterrichten Gelegenheit hatten, so wohleingerichteten
und heilsamen Anstalt am Herzen liege, so wenig
werde er es doch auf der andern Seite geschehen
lassen, daß die Jugend durch Neuerungssucht
oder wohl gar durch Irrlehren verwahrlost
werde. Nur wünschten sie, Rat und Superintendent,
von ganzem Herzen, daß, wenn wider Vermuten einer
oder der andere der angestellten Lehrer und Mitarbeiter einigen Verdacht gegen sich erregt haben sollte,
seine Korrektion mit Milde, in aller Stille, ohne
Aufsehen und Sensation zu erregen, bewirkt werde,
damit die gute Sache selbst nicht leide. Aus diesem
Grunde hoffe auch der Superintendent Verzeihung zu
finden, wenn der anderweiten Prüfung der Kinder
vor der Hand Anstand gegeben werde, zumal da sie
gemeinschaftlich die Lehrer bei Gelegenheit der ihnen
abgeforderten Verantwortung beweglich und ernstlich
anermahnt hätten, auch den Anschein von irrigen oder
übertriebenen neuen Lehren, nicht minder alle in unsern
Kirchen nicht gewöhnlichen Ausdrücke, welche leicht
Mißverstand veranlassen dürften, zu vermeiden suchen

und darauf sehen möchten, daß hauptsächlich der Unterricht aus der heiligen Schrift und dem Catechismo
Lutheri genommen werde. —

Ganz anders als der Bericht des Leipziger
Rates fiel der Bericht nebst Gutachten über die einzelnen Punkte von seiten des Konsistoriums aus.
Der Bericht dieser geistlichen Behörde an den Kirchenrat in Dresden datiert vom 6. November 1801. Hansen
bemerkt in seinen Privatakten zu demselben, daß er
„heimlich und ohne Vorwissen und Theilnahme
des Herrn Ephorus und Superintendent D. Rosenmüller gefertigt und abgeschickt worden. Dieser-
wege ist die Beyfuge oder Gutachten solchergestalt
ausgefallen, um die Freyschule höhern Orts noch
mehr verdächtig zu machen, auch wo möglich
mich von der Vorsteherschaft zu entfernen.
Hierauf erfolgte sodann das gnädige Rescript, auf welches D. Rosenmüller besonders Bericht erstattet und das
ganze Benehmen entdeckt hat. Anstifter war Herr
Hofrath Apel und Concipient Dr. Junghans."

Wir übergehen den eigentlichen Bericht, der nur
Bekanntes wiederholt, und beschränken uns auf Wieder-
gabe der um so wichtigern „Beyfuge."

Bericht des Leipziger Consistoriums an den Kirchen-rath vom 6. November 1801.

Wenn denn Gnädigster Chur Fürst und Herr
ad I

wir Bedenken getragen, wegen Anstellung der aus-
gesetzten Prüfungen, so wir wegen Einziehung weiterer
Erkundigung in Ansehung der von dem Knaben Beyer
abgeleugneten Fragen und Antworten Verordnung zu
erlassen, in Erwägung daß eines Theils die Beschleu-
nigung dieses unterthänigsten Berichts anbefohlen wor-

den, dergleichen Expedition aber einen neuen Aufenthalt verursacht haben würde, andern Theils aber der
Superintendent und Rath ihren Wunsch dahin geäußert,
daß alles Aufsehen möglichst vermieden werde, und da,
wenn man auch, daß bei des Knaben Beyer Antworten
hie und da Übereilung und Mißverstand stattgefunden,
nicht gänzlich außer Acht lassen wollte, nicht zu
glauben ist, daß er zu den ertheilten Antworten
nicht durch den in der Frey-Schule erhaltenen
Unterricht veranlaßt sein sollte, und man sich
überdies nicht genugsam überzeugen kann, daß die
Lehrer dieser Schule dem Lehrbegriffe unserer
Kirche immer gemäß lehren sollten; so dürfte,
obgleich das nun einmal Geschehene nicht ungeschehen
gemacht werden kann und auch nicht ohne Grund angeführet wird, daß die Schulkinder über den II. Articul
des andern Hauptstücks, der Schrift und dem kirchlichen
Lehrbegriff gemäß geantwortet haben, dennoch nöthig
sein, die Lehrer unter Androhung der Suspension oder nach Befinden der Remotion zu be-
deuten, mit Weglassung auffallender Meinungen neuerer Exegeten und Philosophen,
die evangelische Lehre ihrem eidlich geleisteten
Versprechen gemäß vorzutragen, sowie die christliche Sittenlehre ohne Einmischung philosophischer
Grundsätze einzelner philosophischer Schulen und De-
monstrationen den Gemüthern ihrer Schüler einzu-
prägen; und wie wir

ad II

die Beurtheilung des eingereichten Lectionsplanes
höchstem Ermessen anheimgeben, also scheinet

ad IV

da bei den sonntägigen Gottesverehrungen, wozu ursprünglich die höchste Bewilligung nicht gesuchet

und wozu die Lehrer und ihre Mitarbeiter nicht berufen und confirmirt worden, hiesige Einwohner
zugelassen und in selbigen die Dolzischen und Pohlischen,
mit philosophischen Erörterungen angefüllten Catechisationen gehalten werden, eine **Einschränkung** in dem
Maße, daß an deren Statt, nach geendigtem
Nachmittagsgottesdienste, eine catechetische
Stunde, in welcher entweder eine angehörte
Predigt wiederholet oder eine Stelle aus der
heiligen Schrift analytisch durchgegangen wird,
gehalten, der Rath aber veranlaßt werde, Sorge zu
tragen, daß in den hiesigen Stadtkirchen Plätze angewiesen werden, wo die 3 oder 4 ersten Classen, und
zwar die Mädchen besonders, unter Aufsicht, den öffentlichen Gottesdienst abwarten können, inmaßen außerdem zu befürchten, daß die Kinder unter den Kirchen
herumlaufen und Unfug treiben möchten.

Ebenso scheint, des unerheblichen Einwandes ohngeachtet, die Anordnung nöthig zu sein, daß jedesmal
eine Anzahl Freyschulkinder in die des Sonntags und
in der Woche gewöhnlichen Catechismus-Examina,
nach Befinden unter Begleitung eines Lehrers abgeschickt werde.

Und obwohl

ad V

die vielen Bemühungen nicht zu verkennen sind, welche
auf die Präparation der Catechumenen in der
Freyschule verwendet werden, und an hiesigem Orte es
nicht gewöhnlich ist, daß die Geistlichen dergleichen
präparatorischen Unterricht, es sei denn, daß einer oder
der andere auf ausdrückliches Verlangen eines seiner
Beichtkinder sich damit befaßte, ertheilen oder die Catechumenen öffentlich in der Kirche confirmiren, so ist
doch kein hinlänglicher Grund vorhanden, warum die

Freyschulkinder der bisher gewöhnlich gewesenen Privatprüfung und Einsegnung ihrer künftigen Beichtväter gewissermaßen entzogen werden, da es in die Augen leuchtet, daß bei einem solchen Confirmations-Actu, wie er bisher in der Schule von dem Superintendente verrichtet worden, ohnmöglich alle Kinder, deren eine ziemliche Anzahl sein müssen, von ihm hinlänglich geprüfet werden können. Es scheinet daher, solcher Confirmation ohngeachtet, nicht undienlich zu sein, die hiesigen Geistlichen anzuweisen, daß sie die vorhin übliche gewesene Prüfung nicht unterlassen sollen, bis etwa darüber, wie in der Folge die öffentlichen Confirmationes in den hiesigen Kirchen einzurichten, nach vernommener Meinung des Raths und der Geistlichkeit, ein Regulativ getroffen worden, wobei jedoch von selbst sich verstehet, daß die Wahl des Beichtvaters den Catechumenen, welche sich nicht zum Beichtstuhle ihrer Eltern halten, frei bleiben müsse.

Im Übrigen bemerken wir, daß das, was bei diesem und dem IV. Punkte geäußert worden, auch auf die Schulen im Georgen- und Arbeitshause anzuwenden sei.

Und wie

ad VI

zu wünschen gewesen, daß der Rath die Vorsteherstelle einem gelehrten Mitgliede aufgetragen hätte, also dürfte

ad VII

da von den Dolzischen Catechisationen, worüber in den höchsten Rescripten bereits das Nöthige zu erkennen gegeben worden, nach deren Abdruck einiger Gebrauch in der Schule nicht gemacht wird, deshalben etwas weiter nicht anzuordnen sein.

Die wir jedoch solches alles Höchstdero erleuchtestem Ermessen, unter Beifügung der beispecificirten Acten und Bücher, in tiefster Devotion überlassen, mit welcher wir lebenslang verharren

Datum **Leipzig**, den 6. Nov. 1801

Churfürstl. Sächs. zum Consistorium allhier Verordnete.

Acta und Bücher c. specif.

Die Bücher waren:

4 Bde. Katechetische Unterredungen von M. J. Ch. Dolz, 1795—98.

1 Bd Gespräche über sittlich religiöse Wahrheiten von M. Pohle, 1800.

1 Bd Christliche Religionsgespräche pp.

1 Bd Rosenmüller's Anweisung zum Katechisiren pp.

1 Bd Deutscher Schulfreund. 10ter Bd. Erfurt 1795.

(Abgegangen den 7. Novbr. 1801 mit der Dresdner Postkutsche.)

Das **Rescript des Kirchenrats an das Konsistorium zu Leipzig** ist für dessen Stellung bezeichnend; es lautet:

Friedrich August Churfürst pp.

„Würdige, Hochgelahrte, andächtige und getreue. Wir lassen euch den wegen der Freyschule zu Leipzig unterm 6. dss. M. von euch erstatteten unterthänigsten Bericht nebst den dazu gehörigen 4 Stück Acten hierbey wieder zugehen, und begehren gnädigst, ihr wollet binnen Acht Tagen vom Empfange des gegenwärtigen Rescripts an, worum dieser Bericht von euch, den drey ersten ordentlichen Consistorialbeisitzern nicht unterschrieben worden sey? mit Wiedereinsendung desselben und den erwähnten Acten gehorsamst anzeigen, auch insofern eine Verschiedenheit der Meynungen in Hinsicht auf den Gegenstand des Berichtes hierzu Veranlaßung gegeben hätte, ihr, die gedachten ordentlichen Consistorial-Beysitzer, Uns euere Meynung in der Sache noch absonderlich eröffnen.

Daran geschiehet unsere Meynung."

Datum Dresden, am 11. Nov. 1801

A. G. Freiherr v. Gärtner
Friedr. Benj. Schell, S.

Das Konsistorium verantwortete sich in folgender Weise:

P. P.

„Indem wir den, wegen der hiesigen Freyschule erstatteten unterthänigsten Bericht, nebst den Acten an 4 Vol. gehorsamst wieder einreichen, bemerken wir, daß solcher von denen ersten theologischen Beysitzern, D. Rosenmüller, weil er in der Eigenschaft als Ephorus Verordnung in der Sache erhalten und Bericht an das hiesige Collegium erstattet hat und den beyden ordentlichen Assessoribus politicis, weil sie resp. Bürgermeister und Proconsul des ebenfalls mit Auftrag versehen gewesenen Stadtraths sind, nicht vollzogen worden.

Die wir in lebenswieriger tiefster Devotion verharren."

Datum Leipzig, den 18. Nov. 1801.

(Abgeg. d. 21. Nov.)

Der ehrwürdige Superintendent Rosenmüller war aber nicht der Mann, sich in dieser Weise beiseite schieben und mundtot machen zu lassen. Bereits am 19. Nov. war sein „Separat-Gutachten" in dieser Angelegenheit nach Dresden gegangen.

D. Rosenmüller's Separat-Gutachten an den Kirchenrat.

Gnädigster Herr!

Ew. 2c. haben vermittels eines unterm 11. dfs. M. an das hiesige Consistorium erlassenen gn. Rescr. demselben anzubefehlen geruht, unterthänigst anzuzeigen, warum der unterm 6. dfs. erstattete gehorsamste Bericht wegen der hiesigen Freischule von den drei ersten ordentlichen Consistorial-Beisitzern nicht unterschrieben worden; auch sollten letztere, insofern eine Verschiedenheit der Meinungen in Hinsicht auf den Gegenstand des Berichts hierzu Veranlassung gegeben hätte, Ew. 2c. ihre Meinung noch absonderlich eröffnen.

Wie nun die Beisitzer, welche jenen unterthänigsten Bericht unterschrieben haben, den ersten Punkt schuldigstermaßen zu beantworten nicht verfehlen werden; so säume ich auch meines Orts nicht, die Gründe, warum ich sothanem Berichte, der mir noch nicht zu Gesicht gekommen war, der mir aber nunmehr auf mein Verlangen communicirt worden, nicht in allen Punkten beistimmen kann, devotest vorzulegen.

Meine Bedenklichkeiten und Erinnerungen betreffen folgende Punkte:

ad I.

Daß den Lehrern ohne vorhergegangene genauere Untersuchung sogleich mit Suspension und Remotion gedroht werden soll, scheint mir viel zu hart zu sein. Mein unmaßgebliches Gutachten geht dahin, Ew. 2c. möchten gnädigst zu befehlen geruhen, daß ein öffentliches Examen angestellet werde, wozu das Consistorium, der Rath und die Geistlichkeit einzuladen wäre, und daß ein dergleichen Examen jährlich ein oder zweimal gehalten würde, wobei die

Geiſtlichen aufgefordert werden könnten, daß einer
oder der andere ſelbſt mitunter examinire, oder den
Lehrern aufgebe, worüber ſie catechiſiren ſollen.
Wenigſtens zum erſten Mal müßten die beiden
Bürgermeiſter ſich unausbleiblich dabei einfinden, und es könnte jede Claſſe, von der unterſten
bis zur erſten genau geprüft werden, damit man be-
urtheilen könne, ob bei dem Unterrichte vom Leichtern
zum Schwerern fortgegangen werde, wie es bei einer
guten Schuleinrichtung nothwendig ſein muß. Fände
ſich alsdann Mangel in einem oder dem andern Stücke,
ſo könnte den Lehrern immer die nöthige Weiſung
gegeben werden. Öffentliche Examina dürften auch
wohl um deswillen nützlich ſein, weil es hier ſo viele
Perſonen giebt, die allen nachtheiligen Ge-
rüchten, welche von Manchen gewiß nicht nur
aus Eifer für die reine Lehre in Anſehung
dieſer Schule verbreitet werden, Glauben bei-
meſſen, und ſich doch noch nie die Mühe gegeben
haben, die Anſtalt ſelbſt, die ihnen ſo nahe iſt,
in Augenſchein zu nehmen, da ſo viele Gelehrte
und Standesperſonen aus andern Ländern, ſogar aus
Schweden, Adelige, Grafen und Fürſten, bei ihrer Durch-
reiſe die Schule beſucht und den Unterricht der Lehrer
in allen Claſſen aufmerkſam angehört haben, wovon
ich mehr als einmal Augenzeuge geweſen bin.

ad IV.

Zur Abſtellung der ſonntägigen Gottesverehrungen kann ich nicht rathen.

Da ſo viele Eltern, die ihre Kinder in die Freiſchule ſchicken, überzeugt ſein wollen, daß ſelbige gut
unterrichtet werden, an den Wochentagen aber ihrer
Geſchäfte halber nicht in die Schule gehen können, und
daher Viele derſelben, ſowie manche Fremde zu Meß-

zeiten, auch andere diese Andachtsstunden bisher besucht haben, so würde die Abstellung auch außer Landes großes Aufsehen machen, nicht zu gedenken, daß manche hiesige Einwohner, die hier ihre Erbauung gefunden haben, ihre Unzufriedenheit darüber dürften laut werden lassen.

Der Vorschlag, daß nach geendigtem Nach-mittagsgottesdienste eine catechetische Stunde gehalten werden soll, scheint mir gar nicht ausführ-bar zu sein. Die Kinder sollen sich bei den Catechismus-examen in der Kirche einfinden, welche erst nach 4 Uhr geendigt wird, und dann noch einer Privatstunde ihrer Lehrer beiwohnen, das müßte im Winter nothwendig bei Lichte geschehen. Im Sommer sind doch wohl den Lehrern, die die ganze Woche gearbeitet haben, einige Nachmittagsstunden zur Erholung zu gönnen. Zur Ab-wartung des öffentlichen Nachmittagsgottes-dienstes werden die Kinder ohnehin ermahnet, und die aus der Schule dimittirten Kinder besuchen den öffentlichen Gottesdienst gewiß fleißiger, als andere ihres Alters, weil ihnen die Nothwendigkeit und Nützlichkeit desselben bei aller Gelegenheit eingeprägt wird.

ad V.

Die Freischulkinder sind der gewöhnlich gewesenen Privatprüfung und Einsegnung ihrer künftigen Beichtväter nicht entzogen worden. Sie wurden an ihre Beichtväter gewiesen, in deren eignem Belieben es stand, ob sie eine noch-malige Prüfung mit ihnen anstellen wollten oder nicht. Dem Vernehmen nach haben diejenigen Prediger, die eine nochmalige Prüfung nicht für nöthig hielten, ihre künftigen Beichtkinder wenigstens noch einmal an die Wichtigkeit ihrer erstmaligen Communion erinnert, welches allerdings sehr zu loben ist. Die Confirmation habe ich bisher, nachdem ich etliche Tage vorher privatim eine Prüfung mit den Catechumenen angestellt hatte, bloß deswegen gehalten, weil ich von dem ehemaligen Vorsteher, dem verstorbenen Geh. Kriegsrath Müller, darum ersucht worden bin; ich werde sie aber in Zukunft den Geistlichen gern überlassen, da ich ohnehin wegen des niedrigen Zimmers und wegen der in einen so engen Raum eingeschlossenen Menge der Zuhörer, die sich dabei einzufinden pflegen, Nachtheil für meine Gesundheit zu befürchten habe.

ad VI.

Kann ich nicht einsehen, warum dem jetzigen Vorsteher, dem rechtschaffenen Baumeister Hansen, sein Amt abgenommen und einem gelehrten Mitgliede des Rathes aufgetragen werden soll. Dieser Mann läßt sich sein Amt recht eifrig angelegen sein, besucht die Schule wöchentlich wenigstens zweimal, wo nicht öfter, und erzeigt armen Kindern, die ihn wie ihren Vater lieben, wenn sie sich gut verhalten und von ihren Ältern gar nicht unterstützt werden können, oder auch elternlos sind, viele Wohlthaten. Nicht nur die Freischule, sondern auch das Arbeitshaus würden durch seinen Abgang außerordentlich viel verlieren. Die gelehrten Mitglieder des Raths sind mit zu vielen andern Ämtern und Geschäften überhäuft, als daß sie sich der Anstalt eben so eifrig annehmen könnten. Die Schule würde daher so gut als ohne Vorsteher sein.

Bei dieser Veranlassung wage ich es, Ew. 2c. um höchste Entscheidung wegen des von Ponikau'schen Legats zu bitten. Die Anzahl der Kinder in der Freischule ist jetzt zwischen 600 und 700 und noch immer bitten manche Eltern flehentlich theils bei mir, theils bei dem Vorsteher und Director um Aufnahme ihrer Kinder. Es ist aber jetzt unmöglich, noch mehrere auf= zunehmen. Denn 6 Lehrer können den Unterricht einer so großen Menge nicht gehörig besorgen. Freiwillige Mitarbeiter finden sich nicht mehr, theils aus Furcht, theils auch weil die meisten, wenige ausgenommen, ganz gratis arbeiten müssen.

Der Director Plato muß bisweilen täglich 6 Stunden geben, und in den Zwischenstunden hat er fast täglich Mühe und Verdruß mit Eltern wegen der häuslichen Erziehung und anderer, die Schulein= richtungen betreffender Geschäfte, wobei er seine Ge= sundheit ganz aufopfert, so daß ich ihm zum öftern habe rathen müssen, lieber eine oder die andere Stunde eingehen zu lassen, wozu er sich aber nie ver= standen hat.

Das Ponikau'sche Legat würde zwar bei weitem noch keine hinlängliche, doch aber einige Beihilfe sein, daß noch ein Lehrer, dem Testamente gemäß, besoldet werden könnte. Wenn die Sache so bleibt wie sie ist, und der Rath den oft wiederholten Bitten des Vorstehers um Vermehrung der Besoldung kein Gehör giebt, so werden nächstens 300—400 Kinder weggeschickt werden müssen, die dann wieder bet= teln und in ihrer ehemaligen Wildheit aufwachsen werden.

Ew. pp. dies Alles unterthänigst vorzutragen habe ich für meine Pflicht gehalten, der ich mit der tiefsten Devotion lebenslang verharre

Leipzig, den 19. Nov. 1801.

Ew. pp. pp.
Joh. Georg Rosenmüller, D.

Auch der nun folgende, den Akten Hansens beigeheftete Privatbrief stammt ohne Zweifel vom Superintendent D. Rosenmüller.

Ew. Wohlgeb.

sende ich das mir gütigst mitgetheilte Aktenstück mit
ergebenstem Dank zurück. Meine Meinung über die
Sache behalte ich bey mir, bis zu einer sich etwa dar-
bietenden Gelegenheit, uns einmal in einer einsamen
Stunde zu sprechen. Auffallend und demüthigend
für diejenigen, welche dermalen bei uns in
Leipzig am Ruder sitzen, oder sitzen wollen, ist
es denn doch in allem Betracht, daß das Ober-
consistorium, bei allem seinen Feuereifer über
die Ketzereien der Freyschule, mit dem berühm-
ten Rescript gleichwohl ein ganzes halbes
Jahr seit der erfolgten Anzeige des Pastor
Lommatzsch angestanden, und wie es fast augen-
scheinlich ist, erst den Tod des Mannes erwartet
hat, den man auf diese Art nicht zu behandeln
wagte. Möge dieser Vorgang nicht der Vorbote von
Mehreren seyn, was man sich nunmehr etwa erlauben
zu können glauben dürfte. So viel hängt oft von
Einem Manne ab.

Mit ächtester Hochschätzung und Ergebenheit
Ew. Wohlgeb.   gehorsamer Diener

(Name verzogen!)

Bei einem zweiten an den Vorsteher der be-
drängten Schule gerichteten Privatschreiben ist der
Name des Unterzeichners herausgeschnitten. Dasselbe
rührt jedenfalls von einer Leipziger hochgestellten
Persönlichkeit her und ist als Stimme aus dem
Publikum von Interesse.

„Ganz ergebenstes Pro Memoria.

Em. Wohlgebohr: erhalten das mir gütigst com-
municirte, so äußerst intereßante Acten-Stück, beyliegend,
mit ganz ergebenstem Danke zurück. Es ist schade, daß
es nicht, so wie es ist, im Druck erscheinen kann; der
Freyschule und Allen, die sich für dieselbe thätig
intereßiren, würde es gewiß nicht zum Nachtheil und Herrn M. Lommatzsch und dessen ver-
deckten Anstiftern nicht zur Ehre gereichen. Indeßen hoffe ich zur Ehre des gesunden Menschen-
verstandes, daß die Sache auch ohne weitere Publicität
keinen andern Ausgang haben werde.

Ich verharre mit der vollkommensten Hochachtung

Em. Wohlgebohr:

ganz ergebenster

v. h. (— —)

den 4. Jan. 1802.

Die letzten Wochen des alten Jahres waren so
in banger, aufregender Erwartung seiten aller Be-
teiligten vergangen. In der zweiten Woche des neuen
Jahres kam die fatale Angelegenheit wieder in Fluß.

J. H. Hansen notiert in seinen Privatakten weiter,
daß am Sonntag, den 10. Januar 1802, nachmittags,
der Famulus des Prälaten D. Burscher, Namens Hübel,
zu ihm gekommen und ihm ein Restript des Ober-
konsistoriums in Dresden an die theologische Fakultät
zu Leipzig des Inhalts überbracht habe:

„daß D. Wolf, der Fakultät Beysitzer,
in Beysein zweyer Deputirten des
Raths und seinem (Hansens) in der
Freyschule eine Prüfung über die Unterscheidungslehren der in Sachsen eingeführten evangelischen Religion halten

und ſodann über den Erfolg ſein Gutachten ertheilen ſollte", —
welches Reſkript ich nach Durchleſung bemeldetem Herrn
Hübel zurückgab.

Bei jener mit demſelben gehaltenen Unterredung,
daß ſelbſt bei Männern von Anſehen ſo viele Vor-
urtheile und irrige Meinung gegen die Lehrart
in der Freyſchule herrſche, äußerte derſelbe, daß
auch er dieſe Meinung habe, ſelbſt fügte derſelbe hinzu,
daß unter den daſelbſt angeſtellten Lehrern Verſtellung
wäre, und beſonders noch mit den Worten, es wäre
lauter Verſtellung bei dem Direktor Plato, und obſchon
ich ihm vieles zu widerlegen mich beſtrebte, ſo wiederholte er dennoch dieſe Worte. Ich habe daher
beſchloßen, den Herrn D. Roſenmüller ſchriftlich zu
bitten, dieſe Beſchuldigung genau zu unterſuchen und
Verleumder zu beſtrafen." —

Erwähntes Reſkript wurde jedoch einige Tage
nachher mittels einer von Dresden geſchickten Eſtafette
nebſt dem an das hieſige Konſiſtorium unverzüglich
zurückzuſchicken anbefohlen. Es ſollen in demſelben ſtatt der Worte „evangeliſche Kirche" —
„unſere Kirche" geſchrieben worden ſein, was
princeps als Römiſchkatholiſcher nicht verordnen konnte.
Das Reſkript mußte alſo umgeſchrieben werden.

Der Vicedirektor der Freiſchule ließ darüber dem
Vorſteher folgende Nachricht zugehen:

Ew. Wohlgebohren habe ich die Ehre, folgende
mir ſoeben mitgetheilte ſichere Nachricht zu communi-
ciren. Durch ein Schreiben des Sekr. Schell von
Dresden an den Actuar Liebmann und an den Proton.
Karthaus iſt die Zurückſendung des Reſcripts,
ſowohl desjenigen, welches die theologiſche Fakultät

als auch desjenigen, welches an das Consistorium ergangen war, ausdrücklich verlangt worden. Sie sind daher gestern beide wieder remittirt worden.

Mit größter Verehrung

Ew. Wohlgebohren

gehorsamster Diener

v. h.   Dolz.

den 14. Jan. 1802.

Bald erschien ein umgeändertes Reskript des Kirchenrats an die theologische Fakultät, das Konsistorium und den Rat:

Friedrich August, Churfürst 2c.

„Wir finden uns bewogen, in der Freyschule zu Leipzig mit den erwachsenen Kindern, welche daselbst Unterricht erhalten, des förderfamsten eine öffentliche Prüfung über die Unterscheidungslehren der christlichen Religion überhaupt, und der evangelischen Kirche(!) insbesondere durch ein Mitglied eures Mittels (der Fakultät) anstellen zu lassen, und begehren daher, ihr wollet zu Anstellung dieser Prüfung den ordentlichen Professor der Theologie, D. Wolf, Auftrag ertheilen, auch daß der dortige Rath zu solcher einige Deputirte aus seinem Mittel absende und vorzüglich der Vorsteher der Freyschule, der Baumeister Hansen, derselben beywohne, veranlassen.

Über den Erfolg der gehaltenen Prüfung überhaupt und insonderheit ob und in wiefern die geprüften Kinder ihre Antworten dem Lehrbegriffe der evangelischen Kirche gemäs eingerichtet haben? hat D. Wolf baldmöglichst eine umständliche und specielle gutachtliche Anzeige bey euch einzureichen, ihr aber habt solche

ohne Verzug mittelst gehorsamsten Berichts anher einzusenden.

Übrigens ist unter dem heutigen Tage an das
Consistorium zu Leipzig Verfügung ergangen, daß die
Freyschule zu der angeordneten Prüfung geöffnet werde.

Daran geschiehet Unsere Meinung.

Datum Dresden, am 4. Januar 1802.

v. Gärtner.

Denen Würdigen Hochgelahrten, Unsern lieben
andächtigen und getreuen, Dechant, Senioren und
andern Doctorn der theologischen Fakultät Unserer
Universität zu Leipzig."

Der Rat gab am 21. Januar dem Baumeister Justus Heinrich Hansen, als Vorsteher der
Freischule, Mitteilung von dem höchsten Befehle und
ordnete an, die Schule zu der von D. Wolf auf
den 25. Januar festgesetzten Prüfung zu öffnen
und derselben selbst mit beizuwohnen. Als Deputierte
bestimmte er die Doktoren Koch und Kanne.

Am 22. Januar nahm der Vorsteher der Freischule, J. H. Hansen, Abrede mit dem Direktor Plato,
daß vorzüglich die Catechumenen und einige wenige
aus der Mittelklasse von den Mädchen und Knaben
zur Prüfung gezogen werden, fremde Zuhörer und
Studenten aber nicht in den Saal gelassen werden
sollten.

Die Prüfung kam jedoch am genannten Tage
nicht zu stande. Hansen empfing am Vorabend, um
9 Uhr abends, durch Dr. Koch die Nachricht, daß Prof.
Wolf eingetretener Unpäßlichkeit halber einen andern Tag hierzu bestimmen werde.

Hansen vermutet freilich, daß die Ursache des
Aufschubs nicht Prof. Wolfs Krankheit sei, sondern

weil der Hofrat Apel nicht gestatten wolle, daß D. Rosenmüller und die Lehrer gegenwärtig sein sollten. Es sei deshalb auch ein schleuniger, ihm verborgener Bericht abgesendet worden.

Hierzu kam folgendes:

Da der Tag, an dem die Schüler der Freyschule öffentlich ihr Bekenntnis des evangel. Glaubens ablegen sollten, womit sie — wie man überzeugt war — viele gehässige Vorurteile gegen die Schule widerlegen würden, ein besonders feierlicher war, so hatte Dir. Plato mit Vorwissen Rosenmüllers, der mit sämtlichen Lehrern gegenwärtig sein wollte, es so eingerichtet, daß die Prüfung mit Gebet und Gesang eröffnet und beschlossen werde. Hingegen sollten die auf Veranlassung Prof. Burschers der Prüfung zuhören wollenden Studenten ausgeschlossen werden. Prof. Wolf war mit dem liturgischen Entwurfe einverstanden, wünschte nur eine Änderung bez. der Liederauswahl, in die Plato gern einwilligte. Der von Hansen für Aufrechterhaltung der Ordnung beorderte Gerichtsdiener machte jedoch dem Proconsul Einert Mitteilung von diesem Auftrage und dieser schickte ihn zum Hofrat Apel, der sofort Gegenbefehl gab, trotzdem ihm bekannt war, daß Hansen im Namen des Examinators Prof. Wolf den Auftrag gegeben, um grobe Insultierungen und Störungen seitens der Studenten abzuhalten, die nach Platos Angabe (Brief vom 24. Jan. 1802, Rathsfreyschule „am Inquisitionsvorabende")

bisher schon oft in den wöchentlichen Katechesen, sich solches hätten zu schulden kommen lassen. Er (der Ratsdiener Volbrechtshausen) möge dies dem H. Hofrat Apel, der solches nicht wißen könne, referiren, und zugleich sagen, daß wenn unsere Kinder während des religiösen Actes in ihrer Ruhe und Aufmerksamkeit gestört würden, wir diejenigen als Ursache angeben würden, welche diese weise Vorkehrungen zur Sicherheit hindern wollten. Wegen der kategorischen Anfrage, welche Ew. Wohlgeb. nach vollendetem Act an Dr. Wolf publice thun wollten, war der H. Domherr sehr zufrieden, und wird sie gewiß selbst unterstützen.

Beiläufig erzählte mir Volbrechtshausen, daß das Triumvirat A. H. E.*), indem er jetzt zu mir gegangen wäre, beisammen gewesen, und wie er sich ausdrückte sub rosa gegen mich: tief zu deliberiren geschienen hätte. Jerem. 5, 26. Der armen bedrängten Freyschule ihr Trost steht Jes. 8, 10.

Leben und schlafen Sie wohl, Verehrungswürdigster Vater, und seyen Sie versichert, daß ich mit unbegränzter Liebe und Ehrfurcht bin und seyn werde

Raths-Freyschule
am Inquisitionsvorabende   Ew. Wohlgebohren
d. 24. Jan. 1802.   aufrichtigst ergebener
Plato.

Diesem Briefe vom Nachmittag des 24. folgte Abends 9 Uhr ein „Pro Memoria" Platos:

„Eben in diesem Augenblick schickt der H. Domherr Rosenmüller zu mir, und läßt mir zu meinem nicht geringen Leidwesen die Nachricht ertheilen, daß D. Wolf morgen un-

---

*) Apel, Hermann, Einert.

möglich die Prüfung anstellen könnte.
Es ist warlich ärgerlich, nachdem Alles in
Bereitschaft einmal war. Welches Aufsehen
macht das bey Kindern und Eltern! Schul-
digermaßen wollte ich Ihnen solches gehorsamst melden. Schlafen Sie recht ruhig und
sanft.

Achtungsvoll

Ew. Wohlgeb.

In aller Eil

den 24. l.

gehorsamster

Plato."

Neuen Verdruß erregte am andern Morgen des
Oberstadtschreibers Pernitzsch

Dienstschuldiges Pro Memoria

An den Herrn Baumeister Hansen sen., als Vorsteher der Freyschule. („Den 25. Jänner 1802 des Morgens
nach 7 Uhr").

E. E. Hochw. Rathe ist gestern Abends hinterbracht worden, daß bey der heutigen Prüfung
nicht nur der H. Superintendent und die
sämtlichen Lehrer der Freyschule gegenwärtig sein würden, sondern daß auch ein
förmlicher Gottesdienst mit Gesang und
Gebet veranstaltet worden sey.

Ew. Wohlgeb. ermessen von Selbst, wie
wenig dergleichen Veranstaltungen zu rechtfertigen sein dürften.

In dem gnädigsten Rescripte sind diejenigen
Personen, welche dieser in aller Stille vor-
zunehmenden Prüfung beywohnen sollen, genau
benannt worden und der Rath hat dabey

weiter keine Concurrenz, als die Freyschule zu öffnen. Auch nur dazu ist Ihnen Auftrag gegeben worden.

Wohlgedachter Rath ist daher der Meinung, daß es bey dem Buchstaben des gnädigsten Rescripts bleiben und alles ohne Solennität vor sich gehen müsse. Ersuchen soll ich Sie, jene Veranstaltungen alsbald abzuändern, außerdem die ganze Sache vor heute auszusetzen seyn werde, um zuförderst Bericht zu erstatten und gemessene Verhaltungsbefehle von der höchsten Behörde einzuholen.

P. (ernitzsch.)

Sofort eilte Hansen nach der Freischule, wo die Kinder mit den Lehrern bereits versammelt waren. Im großen Saale fand er Plato und Dolz, denen er von den neuen Maßnahmen des Rates Mitteilung machte. Die von denselben gemachten Einwendungen hatten keine Folge — die Prüfung war eingestellt — doch wollte man sich dieserhalb mit dem Superintendent ins Vernehmen setzen. An den Stadtschreiber Pernitzsch aber schickte Hansen folgende sofort noch in der Schule niedergeschriebene Zeilen:

„Da es von mir sehr unanständig seyn würde, dem Herrn D. Rosenmüller Hochw. als Ephorus und Superintendent, von Beywohnung der Prüfung abzuhalten oder gar zu untersagen, so überlaße ich es E. E. Hochw. Rath, was für Verfügung dießfalls zu treffen seyn möchte.

Leipzig, den 24. Januar.

Justus Heinrich Hansen,
als Vorsteher."

In einem zweiten Schreiben*) wies er die „höchst ungerechten Vorwürfe" von sich ab. Es erschien ihm unbegreiflich, „daß bey dieser so wichtigen Prüfung sowohl der D. Rosenmüller, als auch die Lehrer ausgeschlossen werden sollten, da sie doch, Gott und der Freyschule zu Ehren, gegenwärtig zu seyn wünschten, um von der Wahrheit oder Unwahrheit der Beschuldigung, als ob in der Freyschule Socinianismus gelehrt würde, überzeugt zu seyn. Doch die verborgenen Absichten möchten wohl zu errathen seyn. Indessen, der Mensch denkts, Gott lenkts!" —

---

*) (Präs. d. 26. Jänner 1802)
An E. E. Hochw.
Rath.

Ganz ergebenstes Pro Memoria!

Es hat der Herr Oberstadtschreiber Pernitzsch am 25. Jan. d. J. im Namen E. E. Hochw. R. ein P. M. zugefertigt, in welchem ein Verweis in verbis
„Ew. ermessen von selbst, wie wenig dergleichen Veranstaltungen zu rechtfertigen seyn dürften pp."
Ohne mich mit jemanden darüber berathschlagt zu haben, fühle ich nur zu sehr, wie wenig ich diesen Verweis verdient habe, und ich glaube es meiner Ehre schuldig zu seyn, solchen von mich abzuwenden; denn ich bin bey den Worten des gnädigsten Rescripts, allwo der Ausdruck „öffentliche Prüfung" eingerückt ist, pünktlich stehen geblieben. Hätte es eine geheime Prüfung seyn sollen, würde ich mich ebenfalls darnach gerichtet und alles nicht ohne Anfrage zugelassen haben, zumal ich kein Verbot darinnen fand.

Daß der Superint. H. D. Rosenmüller der Prüfung hat beywohnen wollen, ist auch nicht auf meine Veranstaltung geschehen, sondern es war sein eigener Entschluß.

Auch habe ich nicht angeordnet, daß sämtliche Lehrer dabey seyn sollten, sondern es war ihr innigster Wunsch stumme Zeugen zu seyn, ob Ihre Zöglinge richtig ant-

Inzwischen hatte der Rat seinen Aktuar Drobisch abgefertigt, um den Dekan der theologischen Fakultät, D. Burscher, von dem, was ihm „hinterbracht worden", Nachricht zu geben und selbigen um der Sache angemessene Verfügung zu ersuchen. Um die Stellung des Rats in dieser ganzen Angelegenheit genauer zu kennzeichnen, geben wir die nachstehende Registratur über die Ausführung obigen Befehls wortgetreu wieder.

Registratur.

Leipzig, den 25. Januar 1802.

Von Sr. Magnificenz dem Herrn Hofrath und regierenden Bürgermeister D. Apel wurde heute Mittags nach der Rathssitzung endesgenannter Actuar

---

worteten, und ob den Kindern ihre Religionskenntnisse Beyfall erhielten, nicht aber in der Absicht einzuhelfen, weswegen sie auch den entferntesten Ort im Saale würden eingenommen haben und in dieser Rücksicht muß ich bitten, wenn keine mir verborgene Ursache es hindert, diesen guten Männern die Erfüllung ihres gerechten Wunsches zu gestatten.

Daß ich aber gewünscht habe den Zulauf von Studenten zu verhindern, ist wahr, theils wegen der Störung, theils aber auch wegen des unartigen Betragens, welches unter vielen von diesen jungen Leuten herrscht, wovon ich Zeuge gewesen bin. Dieses sind meine und sowie ich mich überzeuge, rechtmäßigen Gründe gewesen, und worinnen ich nichts strafbares finde.

Ich glaube, daß ich hiermit genug zu meiner Rechtfertigung geschrieben habe, und sollte E. E. Hochw. Rath noch für nöthig finden, höchsten Orts Bericht zu erstatten, so bitte ich ganz ergebenst, dieses rechtfertigende P. M. mit beyzufügen.

Leipzig, den 26. Januar 1802.

Justus Heinrich Hansen,
als Vorsteher.

zu dem Decan der theol. Facultät, Sr. Hochwürden,
dem Herrn Prälaten Burscher abgeordnet, mit dem
gemessenen Auftrag, demselben zu eröffnen, daß, nachdem die höchsten Orts anbefohlene Prüfung der Schüler
in der hiesigen Freyschule veranstaltet worden, das
Directorium des Stadt-Magistrats in Erfahrung gekommen sey, daß der Herr Domherr und Superintendent
D. Rosenmüller und die Lehrer an der Freyschule dieser
Prüfung beywohnen wollten, auch daß bereits gewisse Schüler zur Prüfung ausgesucht worden
wären, und daß man von Seiten der Freyschule eine
Einrichtung getroffen habe, mit diesem actu zugleich
Gebete und Gesänge zu verbinden, mithin eine Art
Gottesdienst zu halten; daß aber solches alles nicht zugelassen und insonderheit nicht verstattet werden könne,
daß außer den im höchsten Befehl bestimmten Personen
irgend jemand der beregten Prüfung beywohne, daher denn Se. Hochwürden, als Decan der theologischen
Fakultät, ersuchet würde, an Seinen Collegen, gedachten
Herrn D. Rosenmüller das Nöthige zu verfügen und
ihn zu veranlassen, daß derselbe sothaner Prüfung nicht
beywohne.

Nachdem nun Subscriptus dieses Auftrags sich
alsbald entlediget und solchen an den Herrn Prälaten
D. Burscher vollbracht: so äußerte derselbe hierauf,
daß Er der Meinung E. Hochedeln Raths
durchgängig beytrete und daß er noch heute
den Herrn D. Rosenmüller deshalb besprechen
lassen, denselben auch, daß er der anbefohlenen Prüfung der Freyschüler nicht
beywohnen könne, andeuten werde. Wohlgedachter Rath aber möchte, wie Er denselben
hinwider ersuche, Seiner Seits Verfügung
treffen, daß weder die Lehrer an der Frey-

schule, noch sonst Jemand der im höchsten
Rescript nicht ausdrücklich bestimmt sey, zu der
anbefohlenen Prüfung zugelassen werden, auch
daß dabey weder eine Auswahl der
Schüler noch ein besonderer Gottesdienst stattfinde. Wider alles dieses sey zu
protestiren und Er wolle den Stadtmagistrat
gegen den Herrn D. Rosenmüller vertreten.

Diese Äußerung und Antwort wurde Sr. Magnificenz Herrn Hofrath und Bürgermeister D. Apel von
Endesunterschriebenem ohne Anstand gebührend eröffnet und darüber gegenwärtiges Protokoll abgefasset.

Carl Wilhelm Drobisch,
Actuar: jur.

Um weitere Verhaltungsmaßregeln von höchster
Stelle einzuholen, berichtete der Rat am 27. Jan.
1802 an den Kurfürsten, wie er erhaltenem Befehle
gemäß alles zu dieser Prüfung für den 25. Jan. angeordnet, die Sache aber wegen zugestoßener Kränklich-
keit des Prof. Wolf nicht habe vor sich gehen können,
sondern ausgesetzt werden müssen. „Also — fährt er
fort — sehen wir uns unumgänglich veranlaßet, diesen
Zufall zu einem besondern unterthänigsten Vortrag zu
benutzen.

Wir wurden nämlich am Abend des vorherigen
Tages, an welchem diese Prüfung stattfinden sollte,
glaubwürdig benachrichtiget, daß bey derselben nicht
nur der Superintendent D. Rosenmüller, und sämmtliche Lehrer der hiesigen Freyschule sammt andern Zuhörern, gegenwärtig seyn würden, sondern daß auch
die Knaben, welche vorzüglich zu befragen seyn würden,
ausgezeichnet, im übrigen aber eine dergestaltige Einrichtung getroffen worden, daß mit dieser Handlung

ein förmlicher Gottesdienst verbunden werden, und Gesang und Gebet stattfinden solle.

Nachdem aber von dem allen in dem dieser Prüfung halber erlaßenen gnädigsten Rescript nichts enthalten, vielmehr in diesem das Personale, welches dabey gegenwärtig sein soll, genau bestimmet ist, und unsers wenigen Ermessens es dabey um so mehr zu laßen sein möchte, je weniger außerdem der eigentliche Zweck der angeordneten Prüfung erreicht werden dürfte, und je rathsamer es seyn möchte, solche in aller Stille vor sich gehen zu laßen, so rechnen wir es uns zur Pflicht, Ew. Churfürstl. Durchl. solches ungesäumt anzuzeigen, und das Weitere Höchst deroselben er= leuchtetem Ermessen und gerechtester Entschließung an= heim zu geben.

Unserer Überzeugung nach würde es auch sehr gut gethan seyn, wenn dem ersagten D. Wolf, damit in der Folge die Sache desto zuverläßiger beurtheilt werden könne, ein Protokollant zugeordnet und deshalb der theologischen Facultät das Nöthige aufgegeben würde, wiewohl wir auch diesen Um= stand und die Vorkehrung der etwa nöthigen diensamen Maasregeln Höchstdero einsichtsvollsten Anordnungen lediglich überlaßen.

In tiefster Ehrfurcht verharren wir

Ew. Churfürstl. Durchl.

Leipzig,   PP.
d. 27. Januar 1802.   D. R. z. L."

Not.: Noch am Abend mit der reitenden Post nach Dresden abgegangen.

Bereits am 29. Januar erfolgte die Verord= nung des Kirchenrates an das Konsistorium zu

Leipzig, in der es heißt: „Darum unsere Meinung dahin gehet, daß zu der anzustellenden Prüfung dem Examinator alle gedachte Schule besuchende erwachsene Kinder, ohne Unterschied des Geschlechts und ohne demselben auf irgend eine Auswahl vorzugreifen, vorgestellet, hiernächst mit dieser Prüfung, ob sie schon öffentlich zu halten ist, doch keineswegs Gesang und Gebet und ein förmlicher Gottesdienst verbunden werden soll 2c."

In dem obigen Berichte des Rates an den Kirchenrat befindet sich nach Hansens Angabe insofern eine Unwahrheit, daß diejenigen Knaben ausgezeichnet worden wären, die vorzüglich zu fragen sein möchten.

„Dieses ist ein abermaliges Vorgehen um die Frey-Schule verdächtig zu machen. Gegentheils und würklich wahr ist es hingegen, daß vor dem 25. Jan., als an welchem Tage die Prüfung geschehen sollte, H. D. Wolf von H. Direktor Plato verlangt hatte, ihm sämtliche Kinder beiderley Geschlechts namentlich aufzuschreiben und zuzuschicken, auch allenfalls die vorzüglichsten zu unterstreichen, welches H. Plato auch befolgt, mir auch solches, als ich bey ihm war, erzählte und sogar mir das noch nicht gantz fertige Antwortschreiben, womit er eben beschäftigt war, zeigte und vorlas. —

Hierauf und bey der darauf am 22. Febr. gehaltenen Prüfung und zwar noch vorher in der Vorsteherstube, wurde H. D. Wolf über diese gantz aller Wahrheit zuwiederseyende Erfindung von H. D. Rosenmüller und mir Vorwürfe gemacht; er betheuerte aber, daß er unschuldig sey, räumte vielmehr ein, daß er das Verzeichniß der Kinder verlangt habe, weil er keines von allen kenne, ferner versicherte, daß er an der Untersaguug des Gesanges auch kein Theil habe,

er hätte vielmehr gewünscht, daß während der Catechisation einige Verse aus einem Liede zu seiner Er-
hohlung wären gesungen worden,*) indem es ihn bey
seinen noch kränklichen Umständen sehr angreifen würde,
über zwey Stunden anhaltend zu catechisieren, worauf
ich Ihm antwortete, daß ich es, um nicht einen zweyten
Verweiß zu erhalten, jetzt verbitten müße."

In einer Note am Fuße dieses Schreibens bemerkt
Hansen: „Von diesem empfindlichen Vorgang ist dem
H. Oberhofprediger D. Reinhard Nachricht und
Abschrift gegeben worden."

Interessant und lehrreich ist die Antwort, die in
Abschrift von diesem Mitgliede der obersten Kirchenbehörde in Dresden vorliegt. Sie lautet:

„Es thut mir außerordentlich leid, daß das Er-
läuterungs-Rescript über die an der dortigen Freyschule
anzustellende Examen bereits abgegangen war, als ich
die Zuschrift von Ew. zu erhalten die Ehre hatte; es
würde sonst manches noch bestimmter gefaßt, und allen
willkürlichen Deutungen noch mehr vorgebeugt worden
seyn. Die Hauptsache, hoffe ich indeßen, wird nach
den Wünschen doch in dem Rescript ausgedrückt seyn.

---

*) Hansens Akten liegt das Programm bei, in welcher
Weise Plato und Rosenmüller den Prüfungsaktus hatten
vor sich gehen laßen wollen.
Am Prüfungstage, den 25. Jan. 1802.
Vor der Prüfung.
Gebet und Gesang Nr. 216. Kommt Christen 2c.
Prüfung.
Am Schluße der ersten Stunde
Gesang No. 245.*) Daß ich in deiner 2c.
Nach der Prüfung.
Gebet und Gesang No. 414, v. 4—7. Auch hier, o Gott,
hier lehrt 2c.
*) von D. Wolf bestimmt, an Stelle des von Plato
angesetzten Liedes No. 63.

Es ist nehmlich hier nie die Meynung gewesen, den H. Superintendenten und die
Lehrer von der Freyschule auszuschließen.
Man wünscht vielmehr, daß sie bey der anzustellenden
Prüfung gegenwärtig seyn, und mit anhören sollen,
was gefragt und geantwortet wird. Ein völlig so-
lennes Examen hat man für darum nicht haben wollen,
weil man alles unnöthige Aufsehen bey einer schon
an sich so verdrüßlichen Sache vermieden zu sehen
wünschte.

Übrigens ist man hier gemeynt, künftig eine jährliche öffentliche Prüfung nach dem Wunsche des H.
D. Rosenmüller anzuordnen, welche zur Rechtfertigung
der Schule und zur Beruhigung des Publici so feyerlich als möglich gemacht werden kann.

Was mir Ew. von dem Kampf unordentlicher
Leidenschaften melden, welcher sich in diese Angelegenheiten mischt, und insonderheit dem ehrwürdigen Rosenmüller Verdrüßlichkeiten und Kränkungen verursacht,
ist mir ungemein schmertzhaft gewesen. Vorherzusehen
war es allerdings, daß sich Leidenschaften regen würden, wenn diese Sache in Bewegung käme. Der
Kirchenrath aber hatte es nicht in seiner Gewalt, sie
unberührt zu lassen, so unangenehm es ihm auch war,
sich damit zu befassen. Suchen jedoch Ew. den D.
Rosenmüller zu beruhigen. Er scheint sich die Sache
viel zu gefährlich vorzustellen, und vielleicht zu glauben,
es sey bey dieser gantzen Untersuchung auf ihn selbst
mit abgesehen. Was geschehen kann, dieses an sich so
nützliche Institut zu erhalten, wird der Kirchenrath
gewiß thun, und daß man die Verdienste, welche H.
D. Rosenmüller um dasselbe hat, nicht verkennet,
werde ich auch nicht zu erinnern brauchen. Es wäre
indessen sehr zu wünschen gewesen, daß die Lehrer

dieser Anstalt, denen ich als Gelehrten, in ihrem Fache trefflich geübten und arbeitsamen Männern, alle nur mögliche Gerechtigkeit wiederfahren laße, mit mehrerer Klugheit zu Werke gegangen wären. Es ist schon einige Jahre her, daß ich dem Herrn Director Plato, wie er nicht wird leugnen können, in einem Brief auf das freundschaftlichste und dringendste bat, er möchte bey dem Vortrag der christlichen Wahrheiten sich mehr an den kirchlichen Begriff halten, und auch seine Mitlehrer anweisen, dieses zu thun, weil es sonst gewiß noch zu unangenehmen Erläuterungen kommen dürfte. Meine würklich gutgemeynten und nicht ohne Bedacht gegebenen Erinnerungen sind aber ohne Folgen geblieben. Man urtheile noch so gelinde, daß die Dolzische Catechisation die Lehre unsrer Kirche nicht enthalten, ist unstreitig, und müßen diese Herrn nicht offenbar nach dem beurtheilt werden, was sie drucken laßen? Ich fürchte auch, die von ihnen zu den Akten gegebene Vertheidigung, werde bey alle dem Guten und Wahren, das sie enthält, ihre Sache noch verschlimmern; wenigstens hätte sie, wenn sie einen guten Eindruck hätten machen sollen, in einem gantz andern Tone abgefaßt seyn müssen. Man kann seine Überzeugung freymüthig und doch bescheiden äußern, und Bescheidenheit ist man seiner Obrigkeit schuldig.

Doch Ew. verzeihen mir, was ich gewissermaßen voreilig zu erkennen gebe. Ich kann nicht läugnen, daß mir diese gantze Sache ungemein am Herzen liegt, daß ich nichts mehr wünsche, als die Erhaltung und den Flor dieser so wichtigen Anstalt, und daher durch alles betrübt werde, wovon ich vorher sehe, es würde derselben nachtheilig werden. Rechnen Sie übrigens darauf, daß ich eben daher alles thun werde, was in meiner Macht ist, diese äußerst verdrüßliche Sache zu einem möglichst günstigen Ausgange bringen zu helfen. Ich verharre 2c.

Dresden, am 7. Februar 1802.

D. Franz Volkmar Reinhard.

So tröstlich die Aussprache des Oberhofpredigers Reinhard dem bekümmerten Herzen des Schulvorstehers sein konnte, eine wirkliche Beruhigung über das Schicksal der seiner Fürsorge anvertrauten Anstalt konnte diese ihm nicht gewähren. Dazu kam die Unsicherheit über das von der Behörde bez. der Untersuchung Verfügte. In einer Nota vom 2. Februar klagt er, daß „obschon ich immer gebeten habe, die mir doch wohl gebührenden Abschriften der gnädigen Rescripte einzuhändigen, so ist doch solches bis heute noch nicht geschehen. Auch hier sind wahrscheinlich heimliche Absichten verborgen, da alle Mittel angewandt werden, die Freyschule **indirecte** zu vertilgen.“ Erst 5 Wochen nach Eingang jener Verordnungen, am 15. Februar, erhielt er dieselben gegen Erlegung von 13 Gr. Copialgebühren. Plato schickte ihm indes das Rescript und den Ratsbericht an den Kirchenrat am 11. Febr. mit der Bitte zu, „von selbigen Abschrift nehmen zu laßen, weil dergleichen Sachen rar werden dürften“, ehe er beides an seine Behörde zurückgeben müsse.

In Aufregung und bangem Warten gingen die Tage dahin. Da, am Vormittag des 20. Februar, einem Sonnabend, erhielt der Vorsteher durch den „Ausreuter“ Müller vom Consul regens den Auftrag, daß auf D. Wolfs Verlangen die Prüfung am selben Nachmittag um 2 Uhr gehalten werden sollte. Hansen erwiderte, daß dies unmöglich sei, weil an diesem Tag die Schulstuben im ganzen Gebäude ge-

8*

reinigt würden, die erwachsenen Mädchen hierbei helfen müßten und zu jetziger Stunde die meisten Kinder
bereits entlassen wären. Da dieselben aber in allen
Winkeln der Stadt wohnten, sei es schwer, ohne Aufsehen zu erregen, sie zu einer ungewöhnlichen Zeit zu-
sammenzurufen. Überdies müsse dieser Nachmittag
den Kindern, insbes. den Mädchen, zur Beihilfe der
Eltern, zur Reinigung der Wohnungen 2c. frei bleiben,
er selbst habe aber, da es Posttag, viele Geschäfte.

Auf diese Erklärung kam kurz darauf die zweite
Verordnung, D. Wolf verlange, daß es **morgen**, als
am Sonntag Nachmittag 3 Uhr geschehen solle.

Hansen antwortete, daß er sich dies gefallen ließe,
er müsse jedoch darüber zuvor Director Plato Nachricht
geben. Doch wäre es von den Kindern viel gefordert,
wenn sie bei der gegenwärtig schlechten Witterung in
ihren dürftigen Sonntagskleidern aus den entferntesten
Gegenden der Stadt nochmals den Weg machen sollten.

Ein Versuch, D. Wolf zu einer Änderung zu bestimmen, schlug fehl; er ließ durch den Ausreiter Hansen
melden, daß er, wenn die Prüfung zu der von
ihm anberaumten Stunde nicht stattfinde, Bericht erstatten werde. Um nun „diese — — Sache“
zu beendigen, erbat sich Hansen nach der Session eine
Unterredung mit dem Consul regens in der Ratsstube
und erlangte durch nachdrückliche Vorstellungen die
Einwilligung zu seinem Vorschlage, die Prüfung
Montag nachmittags anstellen zu dürfen. Auf die
von Hansen auf ausdrückliche Äußerung des Cons.
reg. an Wolf gethane Meldung, erhielt er keine
Antwort.

Hansen sollte noch nicht zur Ruhe kommen.

Am andern Morgen, Sonntag, den 21. Febr.,
früh 9 Uhr, erschien der Ausreiter Müller abermals

in Hansens Wohnung und meldete nomine Cons. reg.,
daß morgen, Montag früh 9 Uhr, die Prüfung geschehen solle, wozu er die erforderlichen Anstalten zu
treffen habe. Hansen wollte ohnedies soeben zur Andachtsstunde in die Freischule gehen und teilte nach
Beendigung derselben diese neueste Anordnung den
Lehrern und Kindern mit, „worüber alle beyde Freude
bezeugten."

In all dieser Aufregung bewahrte der Direktor
der Anstalt, Plato, einen ruhigen Gleichmut. Nur
die fortwährende Unsicherheit und Ungewißheit, wann
denn nun endlich das Schicksal der von ihm über alles
geliebten Anstalt entschieden werde, mußte ihm zeit-
weilig diese Gelassenheit rauben und mit Bitternis erfüllen. Es folgen hier zwei Briefe aus den letzten
Tagen vor der Entscheidung, die uns einen Blick in
seine Seele thun lassen. Beide sind an seinen von ihm
hochverehrten Vorsteher Hansen gerichtet.

P. P.

Auf den abermaligen Bericht, den ich an den H.
Domherrn Rosenmüller, in Rücksicht deßen, was Ew.
Wohlgeb. mir durch den Ausreuter Müller mündlich
sagen ließen, erstattet habe: bekomme ich beyliegende
Resolution. Da ich nun gar Nichts weiß, ob Ew.
Wohlgeb. den morgenden Tag angenommen — ob
Cons. reg. es dem H. D. Wolf und denen Herrn De-
putirten bekannt gemacht habe, oder ob ein anderer
Tag festgesetzt worden sey — übersende ich es Ihnen,
mit der ergebensten Bitte: mir hierüber Auskunft zu
geben, damit ich noch Manches besorgen könne. Ist
der morgende Tag und Stunde, wie es aus des H.
Domherrn Resolution fast erhellen will, von allen ge-
nehmigt: so laße ich die Andachtsübung morgen um

9 Uhr früh angehen und um der armen Kinder willen, welche Nachmittags wieder in den Klaſſen 3 Stunden lang ſich hinſetzen ſollen, ſelbige ſehr abkürzen. Faſt möchte einem bey ſolchen elenden und unnöthigen Geſchäften und Hin- und Herſchreiben ſein Bischen Leben zur Laſt werden, wenn man keine moraliſchen Grundſätze hätte.

Mit herzlicher Anwünſchung eines frohen Muthes und hinwegſetzender, über Alle dieſe Unthätigkeiten ſich hinwegſetzender Feſtigkeit bin ich unaufhörlich mit Hochachtung

Ew. Wohlgebohren

den 20./2. 1802.   gehorſamſter

C. G. Plato.

Die erwähnte Reſolution des Superintendent D. Roſenmüller liegt in Abſchrift bei und lautet:

> Um den Spektakel nicht zu vermehren, will ich es geſchehen laßen, daß das Examen morgen um 2 Uhr angeſtellt werde, und werde mich einfinden.

An Herrn Dir. Plato.   D. Roſenmüller.

P. P.

Ehe Ew. Wohlgebohren mir Bewußtes zuſendeten, ſchrieb der Superint. Beiliegendes an mich, welches ich mir aber gütigſt gelegentlich zu meiner Sicherheit zurückzuſenden bitte. Jetzt habe ich mündlich mich mit ihm beſprochen, und ſeine unabänderliche Willensmeynung, die er auch bereits dem D. Wolf hat ernſthaft wiſſen laßen, gehet dahin:

daß auf künftigen Montag Nachmittags um
2 Uhr die Prüfung bey offenen Thüren gehalten und Jedermann erlaubt seyn soll, daran
Antheil zu nehmen.

Übrigens bin ich jetzt nicht im Stande, ohne weit-
läufiges Herumsenden in alle Theile der Stadt,
welches kein geringes Aufsehen und wahrlich
einen ungemeinen confluxum hominum zuwege
bringen würde, die Kinder Alle auf morgen Nachmittags um 3 Uhr zu bestellen. Denn ein Drittheil
der armen Kinder, nemlich derer Konfirmanden,
sind entweder selbst krank oder haben kranke Eltern,
welchen sie beistehen. Und wenn diese Kranke auf den
Montag fehlen, so kann ich dafür nicht. Vor 4 Wochen
stunden selbige alle in Bereitschaft.

Ich erwarte ohne die mindeste Furcht und Ängst-
lichkeit von dem Herrn Domherrn Rosenmüller weitere
Ordre, und bin unter Anwünschung alles Wohl-
seyns

Ew. Wohlgeb.

d. 20./2.   gehorsamster

Plato.

P. M.

Eben läßt mir H. D. Wolf durch den Küster
sagen, daß er heute nachmittag um 2 Uhr das Examen
halten wolle, weil er vernommen habe, daß man in
Dreßden wünsche, daß es bald geschehen möge; er
habe es auch bereits dem H. D. Burscher und auf
dem Rathhauße ansagen laßen. Da ich morgen pre-
digen muß, folglich nicht gegenwärtig seyn könnte,
wenns heute vor sich ginge, so werden Ew. HochEdel-

geb. nicht auf heute Nachmittag bestellen. Der Herr Vorsteher wird ohne Zweifel mit mir einstimmen.

Mit der vollkommensten Hochachtung verharre ich

Dero

Ergebenster Diener

Sr. HochEdelgeb.   D. Rosenmüller.

dem Herrn Director Plato.

Über das große Ereignis des Tages lassen wir den wackern Hansen selbst berichten:

„Der 22. Februar c. a. Montag, als einer der feyerlichsten Tage meines Lebens.

Nach 9 Uhr kam

Herr D. Wolf, als Examinator,

   „   D. Rosenmüller, als Ephorus,

ferner

   „   Baumeister Dr. Koch und

   „   Assessor Kanne (als Deputirte des Raths)

in die Freyschule, um die seit dem 24. Januar aufgeschobene Prüfung vorzunehmen. Nach einer kurzen Einleitung und Gebet, und nachdem derselbe die Absicht, nehmlich über die Unterscheidungslehren des Evangelischen Glaubens zu prüfen, öffentlich angezeigt hatte, fing derselbe die Prüfung an, wobey Er nicht und zwar absichtlich nicht nach Ordnung, und äußerst schwer und verwickelt die Kinder befragte, besonders auch sehr dunkle und Mystische Fragen aufwarf, um die guten Kinder in Verwirrung zu bringen. Aber dennoch siegte die Wahrheit, und die Kinder, besonders die Mädchen, beantworteten ihm die Fragen gut und richtig.

Nach geendigter Prüfung trat ich zu Herrn D. Wolf, und in einer Anrede dankte ich Ihm öffentlich für seine gehabte Mühe, bat mir aber ausdrücklich aus, mir zur Beruhigung meines Gewißens, der Lehrer und selbst der Kinder, zu erklären, ob Er in den Antworten der Kinder etwas gefunden habe, was man Irrlehren oder wohl gar Socinianismus, so wie diese Schule von den Ersten des Rathscollegii beschuldigt worden, gefunden hätte? worauf er in Gegenwart des H. D. Rosenmüller antwortete, daß er mit den Antworten völlig zufrieden sey, welches derselbe auch in seinem zu fertigenden Berichte bestätigen würde. Und so endigte sich diese Prüfung nach völligem Erwarten und zur Zufriedenheit einer großen Anzahl gegenwärtiger Zuhörer. Von den Fragen und Antworten hoffe ich ferner dieser Sammlung das Wahre beyfügen zu können. Tandem bona Causa triumphat.

Noch muß ich bemerken, daß Deputatus Dr. Koch, vermuthlich auf Veranlaßung, beym Eintritt in die Vorsteherstube, allwo sich H. D. Rosenmüller, H. D. Wolf, Deput. Dr. Kanne nebst H. Director Plato und ich bereits befanden, sich gegen mich sehr unartiger Worte bediente, mir besonders heftige Vorwürfe machte, daß niemand an der Thür gestanden und ihn behörig empfangen habe. Auch daß der Saal so voll Menschen und Zuhörer wäre. Diese wären vermuthlich alle bestellt worden u. s. w.

Hierauf erwiederte ich ihm, daß wenn er zur rechten gewöhnlichen Thür hereingekommen wäre, würde er an der Thüre zwey Lehrer gefunden haben, die angestellt worden, ihn und die übrigen Herrn gehörig zu empfangen. Hätte die Freyschule vorhero, so wie bey einem jeden guten und vernünftigen Menschen, auch bey ihm einige Achtung erworben, so würde er sich auch vorhero mit dem Innern der Freyschule mehr bekannt gemacht haben. Sein Vorgeben, als ob sämmtliche Zuhörer bestellt worden wären, sei Unwahrheit. Das Vorurtheil und der Haß des Hofrath Apel gegen die Freyschule und die allgemein bekannte und angestellte Prüfung aber habe alle die Sensation in der Stadt gemacht und natürlich jedermann, besonders die theologischen Studenten auf diese Prüfung, die seit dem 25. Januar unter allerley Vorwand aufgeschoben worden wäre, aufmerksam gemacht, wie sich solche beendigen würde und dahero wäre eine große Anzahl der Studiosi hereingekommen. Wie sie es erfahren hätten, könnte man wohl errathen, denn wahrscheinlich würden die Herren Studenten von dem Famulo des H. D. Wolf und auch von dem Famulo des H. D. Burscher, Herrn Hübel — und zwar von diesem gewiß nicht in reiner Absicht — es erfahren haben. Übrigens stände ja in dem gnäd. Rescripte, daß die Prüfung öffentlich und nicht bey geschloßenen Thüren gehalten werden sollte. Im Grunde wäre mir es lieb, daß viel Zuhörer gegenwärtig wären, denn sie könnten nunmehro Zeugen seyn, daß nicht irrige Religionsbegriffe, auch noch weniger Socinianismus in dieser Schule gelehrt würde. Nach vollendeter Prüfung schien es, als ob die herrlichen Antworten der guten Kinder einen beßeren Eindruck auf ihn gemacht habe, weil er denselben viel Lob ertheilte."

Die Freude über den guten Ausfall der Prüfung war eine allgemeine, besonders bei den so hart angegriffenen Lehrern der Ratsfreischule und deren Direktoren. Trotzdem ließ der über Erwarten

glückliche Ausgang dieser im ganzen doch recht wider-
lichen Affaire in den Herzen dieser Männer einen Stachel
zurück. Folgender Brief Platos an Hansen be-
weist dies.

P. P.

Ew. Wohlgebohren sende im Beyschluß des Herrn
Examinators Gutachten in der Hoffnung, daß es
Ihnen nicht unangenehm seyn wird.

So ehrenvoll und zu aller Zufriedenheit die ganze
Sache ausgefallen ist, so dürften doch die Lehrer der
Freyschule, welche man in mancher Hinsicht als
geächtete behandelt und in Ansehung mancher
personellen Beleidigungen erniedrigt hat, es — das
Rescript falle auch aus, wie es wolle, — nicht dabey
bewenden lassen, sondern einen Schritt thun, welcher
Vielen nicht ganz gleichgültig seyn wird.

Noch erwarten wir gewiße Dinge ab. Übrigens
seyn Sie versichert, daß ich und wir Alle gegen Sie
laut und stille jederzeit innigste Hochachtung und Zufriedenheit erklären werden.

Ich bin mit Ehrerbietung

Ew. Wohlgebohren

. Rathsfreyschule,   gehorsamster
den 27. Febr. 1802.   Plato.

Prof. Dr. Wolfs Bericht an die theologische
Fakultät — eins der wichtigsten und interessantesten
Schriftstücke des Processes — lautet:

An des Herrn Dechanten und der Herren
Assessoren der Theologischen Facultät auf der
Universität Leipzig Hochwürden.

Ew. Hochw. habe ich die Ehre hiermit ergebenst
anzuzeigen, daß ich den auf Höchsten Befehl von denen-

selben mir ertheilten Auftrag den 22. dfs. Mon. vollzogen habe, da mich bis dahin meine Krankheit an
der Vollziehung desselben gehindert hatte.

Ich habe in den Vormittagsstunden des genannten
Tages, in Gegenwart der Abgeordneten des hiesigen
Stadtraths, des Herrn Baumeisters D. Koch, des Herrn
Oberhofgerichts-Assessors D. Kanne und des Herrn
Baumeisters Hansen, vor einer sehr zahlreichen Versammlung, mit den Kindern beiderlei Geschlechts, die
hier in der Rathsfreyschule Unterricht erhalten, die
mir gnädigst anbefohlene Prüfung ihrer Religionskenntnisse angestellt.

Ich habe ihnen bald zusammenhängende, bald
abgebrochene Fragen über die Unterscheidungslehren der christlichen Religion überhaupt und
der Evangelischen Kirche insbesondere vorgelegt,
nachdem sie diese selbst auf meine Veranlassung richtig
angegeben hatten.

Was nun ihre Antworten auf diese Fragen anbetrifft, so kann und muß ich nach meinem Gewissen bezeugen, daß ich sie dem Lehrbegriffe
der Evangelischen Kirche angemessen gefunden, und nur hier und da Ursache gehabt habe, ihre
Ausdrücke zu berichtigen. a)

    a) Dies thaten sie zuweilen unter einander selbst.
        Wenn drei oder vier Kinder sich nicht deutlich
        und bestimmt genug ausgedrückt hatten, so
        suchten andere ungeheißen diesem Mangel, auf
        eine untadelhafte Art, abzuhelfen. — Den
        Freischülerinnen gelangen diese Versuche immer
        besser als den Schülern.

Sie wußten nicht nur ihre Antworten mit schleuniger Anführung mehrerer auswendig gelernter
Schriftstellen zu bestätigen, sondern auch den

Sinn der biblischen Worte und Redensarten mit schicklichen Umschreibungen zu erklären, und ihre Erklärungen gegen die von mir gemachten Einwendungen zu rechtfertigen. b)

b) Ich wendete ihnen z. B. ein „Sohn Gottes heiße wohl nichts anderes als: Liebling, Vertrauter Gottes" desgleichen „Geist Gottes und Christi bedeute in allen Schriftstellen so viel als: Gott ähnliche und Gott gefällige Denkart, christlicher Sinn, göttliche Kraft u. s. f." Aber sie setzten meinen Einwendungen andere biblische und zuweilen auch wissenschaftliche Redensarten entgegen.

Ich unterredete mich mit ihnen über den göttlichen Ursprung der alt- und neutestamentlichen Schriften; und gleich bei dem Anfange dieser Unterredung beriefen sich bald einzelne, bald mehrere auf die gewöhnlichen Beweise, die man zur Bestätigung desselben von den Weissagungen und Wundern c) und von der eigenen Erfahrung hergeleitet hat.

c) Von beiden gaben sie eine richtige Beschreibung und ungefragt erwähnten sie den Vorzug der Wunder Christi vor andern mit Berufung auf Joh. 5, 17—21. 10, 25. 30. Auch die darinnen liegende Beweiskraft konnten sie entwickeln.

Sodann besprach ich mich mit ihnen über die Geheimnisse der geoffenbarten Religion, namentlich über die Glaubwürdigkeit und Wichtigkeit derselben. Auch hier konnte ich mit ihren Äußerungen zufrieden sein. Ich lenkte dieses Gespräch besonders auf die Schriftlehre von der Dreieinigkeit, und hörte sogleich, daß sie mit dem Inhalte der vorzüglichsten biblischen Sprüche bekannt waren, womit man die

Perſönlichkeit und Gottheit des Sohnes und
Geiſtes Gottes zu beweiſen pflegt. d)

d) Sie führten ſelbſt den bekannten Schluß an,
den man aus der Beilegung göttlicher Namen,
Vollkommenheiten, Werke und Verehrung zu
ziehen pflegt, und bei der von mir veranlaßten
Zergliederung deſſelben waren ihre meiſten
Antworten zu billigen.

Ich nahm hierauf den andern und dritten Ab-
ſchnitt des Apoſtoliſchen Glaubensbekenntniſſes und die
in dem kleinern lutheriſchen Catechismo befindliche
Auslegung deſſelben zum Leitfaden meiner Unterredung.
Und auch hier durfte ich nur einige Erinnerungen
gegen das machen, was ſie mir auf meine Fragen
über das Erlöſungswerk Jeſu, über die Abzweckungen
ſeines Leidens und Sterbens, über das natürliche Verderben des Menſchen, über die Nothwendigkeit des
göttlichen Beiſtandes zu ihrer Beſſerung, über die
Gnadenwirkungen des heiligen Geiſtes, über die Rechtfertigung der Sünder durch den Glauben an Chriſtum
und über die Beſchaffenheit dieſes Glaubens ant-
worteten. e)

e) Einige von den mir am nächſten ſtehenden
Schülern erklärten dieſen Glauben für die An-
nehmung und Befolgung der Lehre Chriſti.
Aber der erſte unter allen (Beyer), der immer
das Wort vor andern nahm, beſchrieb ihn
alſo: „Der Glaube an Chriſtus heißt hier, das
zuverſichtliche Vertrauen auf die Verheißungen
Chriſti, die an ſeinen Tod geknüpft ſind." Ihm
ſtimmten hierinnen mehrere bei, denen ich die
Stelle Röm. 3, 23—25 zur Erläuterung vor-
legte.

Ich fragte ſie unter anderm, ob Luthers Worte

in der Auslegung des 3. Artikels „Ich glaube, daß ich nicht aus eigener Vernunft noch Kraft an Jesum Christum, meinen Herrn, glauben oder zu ihm kommen kann" nicht zu hart und der rechten Schätzung der Menschenwürde entgegen wären? Sie leugneten es, und sagten „wegen der Erbsünde sei den Menschen dieser Beistand des heiligen Geistes zum Glauben an Christum und zur Theilnahme an seinen Wohlthaten unentbehrlich." Dies gab mir Gelegenheit ihre Gedanken über Joh. 3, 5. 6 und Ephes. 2, 3 zu erforschen und ich fand an der Eröffnung derselben nichts auszusetzen.

Ebensowenig konnte ich ihrer mit veränderten Worten und Ausdrücken bezeugten Vorstellungen von dem Zweck und Nutzen der Sakramente tadeln, indem sie nicht nur die im Luther'schen Catechismo enthaltenen Antworten auf die Fragen, welche sich auf die Beschaffenheit, Absichten und Wirkungen der Taufe und des Abendmahls beziehen, unverzüglich hersagten, sondern auch den Sinn und Inhalt der biblischen Beweisstellen den Lehrmeinungen gemäß angaben, wodurch sich unsere Kirche in diesen Punkten von andern unterscheidet.

Ich beschloß endlich diese Prüfung ihrer Religionsbegriffe, die ich wegen meiner noch unbefestigten Gesundheit nicht verlängern konnte, mit einigen Fragen über die sogenannten letzten Dinge, Tod, Auferstehung, Gericht und Vergeltungszustand. Und auch das, was sie auf diese Fragen und auf meine ihren Antworten entgegengesetzten Einwürfe erwiderten, war fast durchgängig so beschaffen, daß ich meine Zufriedenheit damit nicht unbezeugt lassen konnte. Von dieser Beschaffenheit waren besonders die Erklärungen, welche sie über den Tod, als Folge und

Strafe der Sünde, und über die Seligkeit des zukünf=
tigen Lebens, als unverdiente und um Christi willen
zu hoffende Gnadenbelohnung, gaben und schriftmäßig
bekräftigten. Eine Freischülerin, die sich durch mehrere
gute Antworten ausgezeichnet hatte, drückte sich hier=
über also aus: „Wir können die zukünftige Seligkeit
nicht durch unsere Tugendübung verdienen, weil sie
Beobachtung unserer Schuldigkeit ist, weil uns Gott
selbst Mittel und Kräfte dazu giebt, und weil unsere
Tugend bei unsern redlichsten Bestrebungen mangel=
haft bleibt."

Ew. pp. habe ich den Erfolg der mir auf höch=
sten Befehl aufgetragenen Prüfung mit eben der Un=
parteilichkeit angezeigt, mit welcher sie von mir ange=
stellt worden ist. Ich wünsche von Herzen, daß sie
Gott in jeder Rücksicht heilsame Folgen haben lasse.

Ich verbleibe mit unveränderter Hochachtung

Ew. Hochwürden

Leipzig,   ergebenster Diener
d. 24. Febr. 1802.   D. Johann August Wolf.

Das Protokoll, das auf des Rats Vorschlag
über diese Prüfung mit peinlichster Subtilität auf=
genommen wurde, — „damit in der Folge die Sache
desto zuverläßiger beurtheilet werden könne" — fügen
wir in Beilage VIII unverkürzt bei. Es ist zu einem
Ehrenblatt geworden im strahlenden Kranze der ehr=
würdigen Jubilarin! Und niemand — vor allem
kein ehemaliger Ratsfreischüler — wird die gestellten
inquisitorischen Fragen und die freudig überzeugungs=
vollen Antworten dieser 12—14jährigen Kinder lesen,
ohne von tiefstem Mitgefühl für die gekränkte Anstalt,

von höchstem Respekt für diese Lehrer, von vollster Anerkennung für die Leistungen ihrer Schüler, erfüllt zu
werden. —

Den Bericht, den das Konsistorium zu
Leipzig nach Dresden über die Prüfung erstattete,
kennen wir nicht. Es muß aber in diesem Kollegium
derselbe Zwiespalt bez. dieser Angelegenheit geherrscht
haben, wie im Rate. Es scheint dies aus einem Rescript hervorzugehen, das der Kirchenrat zu Dresden
an das Leipziger Konsistorium unterm 31. März 1802
ergehen ließ, worin es heißt, der Kurfürst habe dieser
Behörde anbefohlen, anzuzeigen, warum der unter dem
6. März 1802 erstattete Bericht wegen der Freischule
„von den drei ersten ordentlichen Consistorialräthen
nicht unterschrieben worden, auch sollten letztere, inso-
ferne eine Verschiedenheit der Meinungen in Hinsicht
auf den Gegenstand des Berichts hierzu Veranlassung
gegeben hätte, ihre Meinung noch absonderlich eröffnen."

Also derselbe Hergang, wie beim Rate, das Rosenmüllers Separatgutachten veranlaßte.

Zur Sache selbst äußert sich die höchste Behörde:

„Da eure in dem unterm 6. November des vorigen Jahres von euch erstatteten unterthänigsten Berichte ad I in Hinsicht auf den zeitherigen Unterricht in der Freyschule zu Leipzig geäußerte
Meinung bey der zu Folge Unsers Rescripts vom
4. Januar des jetzigen Jahres von dem Professor D.
Wolf in dieser Schule angestellten Prüfung, Inhalts
der abschriftlichen Anfuge, sich nicht bestätigt hat;
so begehren Wir, mit Beyfügung vier Stück Acten,
gnädigst, ihr wollet, wie ihr diesen Widerspruch
zu vereinbaren gedenket, und auf welchen
Gründen eure vorhin geäußerte Meynung

beruhet, ehemöglichst mittelst gehorsamsten Berichts anzeigen, Uns auch zugleich euer unvorgreifliches Gut = achten über die von dem Superintendenten zu Leipzig, D. Rosenmüller, nach der fernern abschriftlichen Bey = lage in Beziehung auf die dasige Freyschule gethanen Vorschläge eröffnen."

Dem Befehle nachzukommen wandten sich die Churfürstl. Sächs. zum Consistorio allhier Verordnete an den Rat, er wolle „da über die in erwähnter (Rosenmüllerschen) Vorstellung Unser Gutachten er = fordert worden, ob und was ihr dabey etwa zu er = innern habt, ehemöglichst bey Uns cum Actis anzeigen."

Auf diese Verordnung vom 6. April 1802 ant = wortete der Rat nicht, konnte das Konsistorium demnach auch nicht berichten.

Nach fast Jahresfrist, am 7. März 1803, erließ der Kirchenrat eine Mahnung an das Konsistorium: „Was Wir in Betreff der Freyschule zu Leipzig euch unter dem 31. März des vorigen Jahres zu erkennen gegeben haben, dessen erinnert ihr euch. Da nun der erforderte Bericht bey Uns noch nicht eingegangen ist, so begehren Wir gnädigst, ihr wollet dessen Er = stattung thunlichermaßen beschleunigen."

Am 12. März 1803 erging die konsistoriale Er = innerung an den Rat, die wiederum mit Schweigen beantwortet wurde.

Am 6. Juli 1803 erließ das Konsistorium eine abermalige Erinnerung „sothanen Bericht des förderfamsten einzusenden."

Wie widerwillig der Rat an diese Arbeit ging, davon zeugt der Bericht, der endlich am 30. Juli 1803 mit den angezogenen Akten dem Hochlöblichen Konsistorio eingesendet wurde.

Er ist zu charakteristisch, als daß wir ihn nicht vollständig als Abschluß des Inquisitoriums mitteilen sollten.

An E. hochlöbl. Consistorium allhier
zu Leipzig.

„Nach einer in der hies. Armenfreyschule vorge-wesenen öffentl. Prüfung ist es Ew. pp. gefällig ge-wesen, das an dieselbe unterm 31. März 1802 er-gangene Rescript sowie auch Dero vorher erstatteten Bericht, ingleichen eine von dem H. Superintendenten D. Rosenmüller höchsten Orts eingereichte Vorstellung uns in Abschrift mitzutheilen und dabei sub dato den 6. April d. a. an uns zu verordnen:

daß wir, da über die erwähnter Vorstellung geschehenen Vorschläge Dero Gutachten erfordert werden, ob und was wir dabey etwa zu er-innern haben möchten, ehemöglichst bei Denen-selben cum actis anzeigen sollten.

Wie sehr wäre doch zuförderst zu wünschen, daß der, zwischen der den Unterricht in gedachter Frey-schule vormals geäußerten so nachtheiligen Meinung und der nachher gehaltenen Prüfung sich hervorgethane Widerspruch recht vollständig beseitigt werden können! Doch so wenig wir an jener Meinung auch nur den entferntesten Antheil gehabt haben: so wenig hat es uns auch, bey allen von Zeit zu Zeit ange-wendeten Bemühungen, gelingen wollen, irgend eine hinreichende Ursache von dieser sonderbaren Erschei-nung ausfindig zu machen.

Denn wenn von mehreren Personen behauptet werden wollen, daß die von dem Herrn Professor D. Wolf vorgenommene Prüfung in einem und dem andern Punkte vielleicht ganz anders ausgefallen seyn

9*

dürfte, wenn sothane Prüfung alsbald nach
eingegangenem höchsten Anbefohlnis vor sich
gehen können und nicht, theils wegen dessen Krankheit, theils wegen verschiedener anderer eingetretenen
Umstände, mehrere Wochen ausgesetzet bleiben müssen,
so sind doch dieses alles bloße Vermuthungen, auf welche
nicht gefußet werden kann, und wir insonderheit müssen
uns alles weitern Urtheils um so mehr enthalten, da
jenes höchste Anbefohlnis an uns nicht gerichtet ist.

Was nun die von dem Herrn Superintendenten
D. Rosenmüller, in seiner höchsten Orts unmittelbar
eingereichten Vorstellung vorgetragener Bedenklichkeiten, Erinnerungen und beschehenen Vorschläge
betrifft: so sind wir

ad I.

der unvorgreiflichen Meinung, daß, wenn die in der
Armen-Freyschule angestellten Lehrer der, von unserer
Rathsstube ergangenen, an sie geschehenen beweg-
lichen und ernstlichen Anermahnung gehörig Folge
leisten, es der von dem Herrn Superintendenten in An-
trag gebrachten, auf wiederholte öffentliche Examina abgezielten Weitläufigkeiten nicht bedürfe.

Diese Anermahnung und Anweisung ging
dahin: daß sie alles, was diese Anstalt in widrige Vermuthungen setzen könnte, besonders
auch den Anschein von irrigen oder übertriebenen
neuen Lehren, nicht minder alle in unsrer Kirche
nicht gewöhnliche Ausdrücke, welche leicht Mißverstand veranlassen dürften, zu vermeiden suchen,
und dahin sehen möchten, daß hauptsächlich der
Unterricht aus der heiligen Schrift und dem
Catechismo Lutheri genommen werde;
und befolgen sie diese Anweisung nicht, dann kann es
auch in keinem Betracht zu hart sein, wenn man ernst-

licher gegen sie zu Werke gehet und die weitern nöthigen Bedeutungen mit Androhung der Suspension oder nach Befinden Remotion verbindet.

Dahingegen mögen

ad IV.

wir uns ebenfalls nicht überzeugen, daß es rathsam sein dürfte, die bis anhero in der Armen-Freyschule gehaltenen sonntägigen Gottesverehrungen gänzlich abzustellen.

Die Gründe, welche der H. Superintendent D. Rosenmüller gegen dergleichen Abstellung angeführet hat, scheinen von Erheblichkeit zu sein, und es können bei dieser an und für sich unschuldigen, ja vielmehr höchst löblichen und so vielen hiesigen Einwohnern zur großen Erbauung gereichenden Sache um so weniger einige Bedenklichkeiten weiter eintreten, da, wie bereits vorhin angezeiget worden, nach der neuerlich getroffenen Einrichtung, ersagte Gottesverehrungen und catechetischen Andachtsübungen nicht eher als vormittags um 10 Uhr, mithin nach völliger Beendigung des frühgottesdienstes in den hiesigen Stadtkirchen, ihren Anfang nehmen dürfen.

So viel den

ad V.

berührten Gegenstand betrifft, so wird nicht nöthig sein, sich darüber weitläufig auszubreiten, da, wie bekannt, in diesem Jahre die öffentlichen Confirmationen der Catechumenen in den hiesigen Kirchen eingeführet und die Einsegnung auch derjenigen Kinder, welche ihren Unterricht in der Freyschule genossen haben, auf solche Art verrichtet werden.

Gleichwie wir übrigens

ad VI.

nach erfolgtem Absterben des Herrn Geheimen

Kriegsraths und Bürgermeisters Dr. Müller's,
welcher von der Stiftung und Eröffnung dieser Freyschule an, Vorsteher derselben gewesen war, sehr gute
Gründe hatten, sothane Vorsteherschaft dem Baumeister H. Justus Heinrich Hansen zu übertragen:
also haben wir auch gegenwärtig keine gegründete
Veranlassung, hierunter auf eine Änderung Bedacht
zu nehmen: denn gedachter Herr Vorsteher hat eine
außerordentliche Zuneigung zu diesem löblichen Institut, besuchet die Schule sehr fleißig und richtet sein
Augenmerk immer dahin, daß alles wohl und ordentlich zugehe und insonderheit auch die größte Reinlichkeit im Hause erhalten werde. Im übrigen haben wir
uns die Oberaufsicht über diese Anstalt, mithin auch
über die Lehrenden und Lernenden, hauptsächlich aber
über die Wiederbesetzung der sich etwa verledigenden
Lehrerstellen ausdrücklich vorbehalten und die Herren
Vorsteher dahin angewiesen, von dergl. Veränderungen
uns jedesmal Nachricht zu geben, und überhaupt von
allen wichtigen Vorfällen dem regierenden Bürgermeister alsbald Anzeige zu thun. Unter diesen Umständen läßt sich von selbst ermessen, daß es nicht nöthig
war, diese Vorsteherschaft eben einem eigentlichen
Gelehrten aufzutragen.

Das, was der Herr Superintendent von der Aufnahme mehrerer Kinder, von der Anstellung mehrerer
Lehrer und von der Vermehrung der Besoldung der
Lehrer annoch einfließen lassen, übergehen wir um so
mehr mit Stillschweigen, da alle diese Gegenstände
nur von unserer Beurtheilung abhangen und
wir am besten wissen müssen, wie weit man hierunter
nach den Kräften des Fonds gehen kann. Die Lehrer
an der Freyschule können sich keineswegs beklagen, da sie
durch die ihnen bewilligten Besoldungen gegen ängst-

liche Nahrungssorgen, welche sich freilich mit der einem Schulmanne so nöthigen Heiterkeit und guten Laune nicht wohl vertragen, gesichert, auch über dieses dann und wann mit besondern Gratificationen erfreuet worden sind.

Mit der größten Hochachtung beharren wir

Leipzig,   -   Der Rath zu Leipzig."
den 28. Julius 1803.

Die Schule war durch den Ausgang des Prozesses glänzend gerechtfertigt. Aber nur wenige Wochen darnach brachen neue heftige Stürme herein, wodurch die bisher lokale Angelegenheit in die weiteste Öffentlichkeit getragen wurde. Hören wir Hansen weiter.

Leipzig, den 29. März 1802.

„Der Verfolgungsgeist traf auch noch besonders den würdigen Ephorus und Superintendent H. D. Rosenmüller, und zwar wegen einer, den 25. März d. J., als am Tage Mariae Verkündigung, gehaltenen Predigt: Über das Reich Jesu Christi unseres Herrn, da er denn auch Obrigkeiten ermahnte, zu deßen Beförderung durch Errichtung guter Schulanstalten ebenfalls zu würken und das angefangene nicht zu stören pp. Nachdem nun in der Stadt diese Predigt großen Eindruck gemacht hatte, auch Cons. reg. H. Hofrath Apel sich darinnen getroffen zu seyn glaubte, so wollte H. D. Rosenmüller solche bey H. Fleischer jun. zu seiner Rechtfertigung drucken laßen.

Allein nicht allein wurde bemeldtem H. Fleischer das Drucken derselben sehr strenge verboten, sondern auch, mit Beyfügung dieser Predigt, höchstens Orts Bericht erstattet, und solche nach dem Mandat von Tumult und Aufruhr pp. darinnen angezeigt. Dennoch aber ist sie auswärts gedruckt und hier öffent=

lich verkauft worden, dergeſtalt, daß die erſte Auflage
von 1000 Exemplaren bald vergriffen war und eine
zweite Auflage hat veranſtaltet werden müßen. Denn
die Theilnahme gegen unſern guten gekränkten Roſenmüller war durchgängig ſehr groß, und unangenehme
Urtheile entſtanden häufig gegen Dnō Cons.

Dieſe Predigt, faſt kann man ſie berümt nennen,
iſt hierneben eingeheftet, zumahl weil ſolche ein
Theil der in dieſem Fascicul angezeigten Verfolgung ausmacht.

Noch iſt zu bemerken, daß die in dem Vorberichte
vertheidigte Catechiſation durch Herrn M. Pohle
gehalten worden iſt, und daß nomine Hofr. Apels als
Cons. reg. dem Herrn D. Roſenmüller abermahlige
Vorhaltung gethan worden iſt. Sie iſt ſogleich abge-
fodert, von H. D. Wolf geprüft und die Beſchuldigung
für unwahr und als eine neue Verleumdung gegen
die Freyſchule befunden worden.

NB.: Über dieſe neue Verleumdung ſiehe Roſen-
müllers „Vorbericht.“ (S. 137.) —

Die wichtigſten Stellen aus dieſer Predigt, ſowie
dem Vorbericht, in dem wir eine kurze Darſtellung der
ſo tiefe Erregung hervorrufenden Ereigniſſe nach der
Auffaſſung des erſten Geiſtlichen Leipzigs haben, dürfen
hier nicht fehlen. Der Titel lautet:

Über das Reich Jeſu Chriſti, unſers Herrn.
Eine Predigt,
am Tage Mariä Verkündigung in der Thomaskirche
zu Leipzig gehalten
von
D. Joh. Georg Roſenmüller, Superintendent.
Nebſt einem Vorbericht.
Auf Koſten des Verfaſſers.
1802.

Vorbericht.

Eine Stelle in gegenwärtiger Predigt, welche von manchen Zuhörern theils mißverstanden, theils gemißdeutet und verdreht worden ist, hat mich veranlaßt, dieselbe so, wie sie gehalten worden ist, ohne Veränderung des Ausdrucks, und ohne irgend einen Zusatz, welcher vielleicht hier und da nöthig gewesen wäre, dem Drucke zu übergeben, damit das unpartheyische Publikum selbst urtheilen könne. Dies hielt ich um desto mehr für nöthig, da die Predigt bereits in Abschriften herumgeht, und täglich noch mehrere verlangt werden.

Man wird mir hoffentlich zutrauen, daß ich verstehe, wie weit ein Prediger in der Rüge notorischer Laster gehen darf. Meine Grundsätze hierüber habe ich in meiner ausführlichen Anleitung für angehende Geistliche zur weisen und gewissenhaften Verwaltung ihres Amtes, (2. verbesserte und vermehrte Ausgabe, Leipzig 1792) S. 77 folg. § 52, ausführlich vorgetragen, und sie sind, soviel ich weiß, von keinem kompetenten Richter gemißbilligt worden. Es ist aber notorisch, daß nun fast zehn Jahre lang die schändlichsten Verläumdungen gegen eine hiesige wichtige, auch im Auslande berühmte Schulanstalt und deren Lehrer ausgestreuet worden sind, und daß sie zum Nachtheil der guten Sache Glauben gefunden haben. Auf mein unterthänigstes Ansuchen bey der höchsten Behörde ist nun zwar eine öffentliche, unpartheyische Untersuchung angestellt und die Ehre der Anstalt gerettet worden.

Demungeachtet verbreitete sich vor einigen Wochen das Gerüchte, ein Lehrer der frey-

schule habe in seiner sonntäglichen Katechisation
aufs neue behauptet: Jesus sey ein blosser
Mensch gewesen, und das habe ein Mann aus
dem hiesigen geistlichen Ministerio versichert.
Es ist mir nicht gelungen, den Urheber dieses Ge-
rüchtes zu erforschen und wird mir auch, wie ich leicht
vorhersehen kann, nicht gelingen. Indessen habe ich
die Sache genau untersucht. Ich habe die Katechisation, welche nach dem einstimmigen Zeugniß der dabei gegenwärtigen Lehrer und anderer Zuhörer wörtlich so gehalten worden ist, wie sie der Verfasser kon-
cipirt hat, gelesen. Ich habe einen meiner Herren
Collegen*) ersucht, dieselbe genau und unpartheyisch
zu prüfen. Er erfüllte meine Bitte, und versicherte,
daß er diese Beschuldigung falsch gefunden
habe, daß in der ganzen Katechisation nichts enthalten
sey, woraus gefolgert werden könne, daß Jesus von
dem Verfasser für einen bloßen Menschen erklärt werde, und daß er bereit sey, solches vor
Jedermann, wenn er auch gerichtlich befragt werden
sollte, zu bezeugen.

Da nun die Verleumdungen noch immer
wiederholt werden, und zu vermuthen ist, daß
man so bald nicht aufhören werde dergleichen
Beschuldigungen zu wiederholen, so konnte ich
Amts und Gewissenshalber nicht länger schweigen.
Oder soll ich denn ganz ruhig zusehen, daß die gutgesinnten Bürger unsrer Stadt, die schon längst eine
ähnliche und ganz nach diesem Plane eingerich-
tete Schule für ihre Kinder gewünscht haben und
noch wünschen, zum Theil irre gemacht werden? Und

---

*) D. Wolf.

muß nicht das Versprechen, welches ihnen von dem damals regierenden Herrn Bürgermeister, dem sel. geheimen Kriegsrath Müller und von mir gethan worden ist, erfüllt werden?

Ich kenne die Verleumder, auf die ich in meiner Predigt gezielt habe, nicht von Person; auch sind mir ihre Nahmen nicht bekannt, denn sie schleichen im Finstern. Aber sollte es denn nicht Pflicht eines gewissenhaften Predigers seyn, seine Zuhörer zu warnen, und eine gute Sache zu vertheidigen? Wozu werden denn Prediger angestellt? Wer sich getroffen findet, dem ertheile ich den wohlgeneigten, väterlichen Rath, sich zu bessern. Wir haben einen höhern Richter, dem wir verantwortlich sind, und bei welchem kein Ansehen der Person gilt.

Übrigens mögen gewisse Leute, die keinen Sinn für das gemeine Beste haben, immerhin meiner spotten, und mich für einen Enthusiasten erklären, der es darauf anlege, ein Märtyrer der Wahrheit zu werden; mit ihnen werde ich kein Wort weiter verlieren.

Bei dieser Gelegenheit versichere ich meinen auswärtigen Freunden, die an meinen Umständen so herzlichen Antheil nehmen, zu ihrer Beruhigung, daß ich, ungeachtet der vielen Verdrüßlichkeiten, die mir von manchen Personen verursacht werden, mich der Liebe und Achtung eines großen, und vielleicht des größten Theils des hiesigen Publikums noch immer zu erfreuen habe. Das Gerücht hat die Sache weit ärger vorgestellt, als sie wirklich ist.

Leipzig, den 30sten März, 1802.

Der Verfasser.

Nachdem Rosenmüller im 1. Teil seiner Predigt über die Beschaffenheit des Reiches Christi gesprochen, erinnert er im zweiten an die Pflichten, wozu uns diese Betrachtung ermuntern sollen und sagt:

„Daß wir unter die Zahl der ächten Unterthanen in dem Reiche Jesu Christi unsers Herrn gehören, das müssen wir zweitens dadurch beweisen, daß wir zur Beförderung und Ausbreitung desselben unser Möglichstes beitragen. Alles, was irgend eine Beziehung auf die Erhaltung desselben hat, muß uns wichtig seyn. Es darf uns durchaus nicht gleichgültig seyn, ob Licht oder Finsterniß, Wahrheit oder Irrthum, Tugend oder Laster den Sieg erhalten. Jeder muß das Seinige zur Verminderung der Unwissenheit, des Aberglaubens und Unglaubens und zur Empfehlung des ächten thätigen Christenthums nach seinem Vermögen beitragen. —

Dies ist zwar vorzüglich die Pflicht der Lehrer in Kirchen und Schulen; denn sie haben den eigentlichen Beruf, durch gründlichen, gemeinverständlichen und zweckmäßigen Unterricht die Nebel der Unwissenheit zu zerstreuen, die Lehren des Christenthums rein und unverfälscht vorzutragen, und die Herzen ihrer Zuhörer und Schüler durch sanfte Belehrungen zu gewinnen. Aber sie können unmöglich mit glücklichem Erfolge arbeiten, wenn nicht ihre Bemühungen auch von Andern unterstützt werden. Es ist insbesondere die Pflicht christlicher Obrigkeiten, so viel möglich für die Anstellung geschickter und brauchbarer Lehrer zu sorgen, und da es in dem Reiche Christi unmöglich besser

werden kann, wenn nicht in Schulen der
Grund zur Bildung und Erziehung der Jugend
zur ächten Tugend und Gottseligkeit gelegt
wird, so ist es ihre heilige Pflicht, gute
und zweckmäßige Schulanstalten nicht
nur zu gründen, sondern auch zu ihrer
Erhaltung und Verbesserung ihr Möglichstes beizutragen. Wenn das nicht
geschieht, wenn rechtschaffenen Vorgesetzten und Lehrern von allen Seiten her
Hindernisse in den Weg gelegt werden,
wenn ihre auf einleuchtende Wahrheit
gegründeten Vorstellungen und guten
Rathschläge kein Gehör finden — wie
kann es denn besser werden? Muß da
nicht Unwissenheit, Aberglaube und Unglaube,
wozu unser Zeitalter so sehr geneigt ist, immer
mehr überhand nehmen?

Aber nicht nur christliche Lehrer und Obrigkeiten, sondern auch alle diejenigen, welchen
die Fürsehung einen größern Wirkungskreis
angewiesen hat, müssen ihr Ansehen, ihre Einsichten und ihr zeitliches Vermögen dazu anwenden, daß gute Anstalten befördert, Wahrheit, Tugend und Glückseligkeit unter ihren
Brüdern verbreitet werden.

Eltern müssen für einen zweckmäßigen Unterricht und für eine gute Erziehung ihrer Kinder
so gut sorgen, als es in ihrem Vermögen steht.

Ich weiß es, leider, gar wohl, daß es so
manchen rechtschaffenen Bürgern unsrer Stadt
bisher an Gelegenheit gefehlt hat, ihren Kindern
eben den guten Unterricht ertheilen zu lassen,
der nun schon mehrere Jahre armen Kindern

ertheilt worden ist. Aber diese Wohlthat, die sie nun lange genug vergeblich gewünscht und gehofft haben, kann und darf ihnen nun nicht länger versagt werden, und sie dürfen gewiß versichert seyn, daß ich vermöge meines Amtes und meiner Pflicht zur Erfüllung ihres gerechten Wunsches mein Möglichstes beitragen werde, sollte ich auch die ganze Ruhe meines noch übrigen kurzen Lebens, und mein Leben selbst darüber aufopfern müssen.

Wer das Gute und Bessere entweder aus Unwissenheit nicht einsehen kann, oder aus unverantwortlicher Trägheit und Bosheit nicht einsehen will, der sollte wenigstens dasselbe nicht durch übereilte Urtheile, Verdächtigmachung und schändliche Verläumdungen zu hindern suchen*).

Er sollte doch zu seinem eignen Besten bedenken, daß Feinde der Wahrheit und des Guten unmöglich auf den Namen wahrer Christen Anspruch machen dürfen, und daß sie dereinst ihrem Herrn, dem obersten untrüglichen Richter aller menschlichen Thaten und Gesinnungen, Rechenschaft werden geben müssen."

Die vorliegenden Akten schließen hiermit diese

*) Worauf ich mit diesen Worten ziele, das habe ich im Vorberichte erklärt. Es kann doch wohl nicht geleugnet werden, daß Menschen, die eine gute Sache verdächtig machen und falsche Gerüchte verbreiten, entweder Unwissende, oder Boshafte, oder beides zugleich sind!

Angelegenheit ab. Hansens gewissenhafte Sorgfalt hat uns aber doch in die Lage gesetzt, sie bis in ihren letzten Verlauf zu verfolgen. Er hat am Schlusse seiner Privatakten über dieses „anstößige Ereignis" noch die Nummern derjenigen auswärtigen gelehrten Zeitschriften eingeheftet, in welchen über diese in ganz Deutschland Aufsehen erregenden Leipziger Vorgänge berichtet wird. Es sind dies die „Würzburger gelehrten Anzeigen" und die Marburger „Theologischen Nachrichten".

Als Stimmen aus der großen Gelehrtenrepublik mögen sie noch gehört werden.

Der Augustbericht des Jahres 1802 meldet schließlich den befriedigenden Ausgang der Inquisition in der Leipziger Ratsfreischule.

———————

Beylage
zu den neuen Würzburger gelehrten Anzeigen
Nr. 14.   Den 1. März 1802.   p. 112.

Leipzig. Die hiesige Freyschule, welche durch des verstorbenen geheimen Kriegsrath Müller's und des Superint. Rosenmüllers Vorsorge statt der vorher vorhandenen ganz unzweckmäßigen, sogenannten Winkelschulen errichtet worden ist, gibt jetzt Veranlassung zu ganz besonderen Auftritten. Es beschuldigt nämlich ein Theil des hiesigen Magistrats, namentlich der Bürgermeister Apel und der Stadtrichter Einert, die Lehrer der Freyschule und den Sup. Rosenmüller des Socinianismus. Letzterer hat deshalb von Dresden aus den Befehl zu einer öffentlichen Prüfung der Freyschule ausgewirkt, die wirklich vom D. Wolf angestellt worden ist, und bey welcher sich die Kinder als vollkommen rechtgläubig be

wiesen haben. Da nun Rosenmüller in einer Predigt
seinen Zuhörern die Nützlichkeit guter Schulanstalten
ans Herz gelegt hatte, wurde er deshalb vom hiesigen
Magistrat in Dresden verklagt. Jene Predigt sollte
im Drucke erscheinen, allein der Magistrat hat dem Verleger Fleischer dem Jüngern verbothen, die Predigt drucken
zu lassen und zu verkaufen. Indessen ist demungeachtet
diese Predigt ohne Angabe des Druckortes erschienen.

Die nächste Nummer (15—16) des Würzburger gelehrten Anzeigers, bringt p. 113 unter
„Gelegenheitsschriften. Gottesgelehrtheit"
die Ankündigung der Rosenmüllerschen Predigt,
unter Angabe des Druckortes (Halle) und des Preises
(Pr. 9 kr.), mit folgender Besprechung: „Der schreckliche Tyrann, Gewissenszwang genannt, darf nebst
seiner holden Freundinn, der heiligen Inquisition,
heutiges Tages unter allen Konfessionen zwar nicht
mehr öffentlich zur Ehre Gottes seine Scheiter-
haufen errichten, und mit brennender Fackel Privat-
meinungen untersuchen; aber als Schwärmer, Kopf-
hänger und Heuchler ist er heimlich noch immer der
Barbar, der er vor Jahrhunderten vor allen Augen
gewesen ist. Wen er, von Gott dazu berufen und
zu dessen alleiniger Ehre und Verherrlichung, mit
Geyerklauen haschen kann, der darf sich fürwahr noch
heutiges Tages glücklich preisen, wenn er den gierigen
Fängen seines Räubers ungewürgt entrinnt. Ein höchst
merkwürdiges Beispiel hierzu liefert zur wahren und
eigentlichen Schande unsers Zeitalters vor-
liegende Predigt, welche zum Abscheu vor Religions-
verfolgung gewiß durch alle Gaue und Striche Teutsch-
lands gelesen und wieder gelesen werden wird. Der
verdiente und überall als Gelehrter, Christ, und
Menschenfreund verehrte Rosenmüller zu Leipzig wurde

als ein Mann von so reifen Jahren und Einsichten, erst nach des Consuls Müller Tode, (s. unsere gel. Anzeige J. 1801, Nr. 91) also noch vor ganz kurzer Zeit, für einen — **Socinianer** angesprochen, vermuthlich aber nur von Leuten, welchen bey'm Aussprechen dieses Namens sowohl der Neffe als Oheim Socin vielleicht laut in's Angesicht gelacht haben würde. Um aber alles auf einmahl zu vertilgen, wurde die schon seit ihrer Existenz, d. i. seit 10 Jahren, (Vorber. S. 4) notorisch wegen ihrer Irrlehren verläumdete Freyschule, neuerdings wieder mehr als sonst, als das abscheulichste Nest verschrieen, in welchem alle Irrthümer und Ketzereyen frey und ungehindert ausgebrütet und von da in die ganze Welt ausgelassen werden dürften. „Auf mein unterthänigstes Ansuchen, heißt es im Vorbericht S. 4 bey der höchsten Behörde, ist nun zwar eine öffentliche, unpartheyische Untersuchung angestellt und die Ehre der Anstalt gerettet worden. Demungeachtet verbreitete sich vor einigen Wochen das Gerücht, ein Lehrer der Freyschule habe in seiner sonntäglichen Katechisation aufs neue behauptet: „Jesus sey ein bloßer Mensch gewesen, und dieß habe ein Mann aus dem hiesigen geistlichen Ministerium versichert." Aber auch diese neue Beschuldigung wurde nach einer strengen Privat-Untersuchung ganz falsch befunden.

Rec., der vor einigen Jahren das Glück hatte, besagte Freyschule, das Muster aller guten Schuleinrichtungen, genau kennen zu lernen, kann für seine individuelle Einsicht behaupten, er wünsche, daß alle junge Christen so rein und regelmäßig auch in religiöser Hinsicht, wie daselbst, unterwiesen werden möchten. Um nun sowohl seine eigene als der angefochtenen Lehranstalt Ehre vor dem christlichen

Publikum und allen Verehrern eines vernunftmäßigen Christenthums zu retten (gerichtlich war dies schon vorher geschehen), hielt der würdige Rosenmüller diese in dem Geist echt christlicher Sanftmuth und Belehrung verfaßte Predigt, zeigte in derselben zuerst die wahre Beschaffenheit des Reiches Jesu Christi und machte dann besonders auf die Pflichten aufmerksam, zu deren Erfüllung die Betrachtung des Reiches Christi ermuntern soll. Rec. hat dieselbe zwey Mahl mit großer Theilnahme und Rührung gelesen, sie, die ganz aus dem Herzen geflossen, und ebenso schön gedacht, als gesagt ist. Bey dem zweyten Theile mögen sich vorzüglich diejenigen prüfen, welche so oft die Pflichten des Christenthums dadurch nicht erfüllen, daß sie das Gute aller Art nicht nur nicht erkennen, sondern sogar auch stören wollen. „Wer das Gute und Bessere, sagt der Verf. S. 20, entweder aus Unwissenheit nicht einsehen kann, oder aus unverantwortlicher Trägheit und Bosheit nicht einsehen will, der sollte wenigstens dasselbe nicht durch übereilte Urtheile, Verdächtigmachung und schändliche Verläumdungen zu hindern suchen."

Auch diese Stelle wurde verdreht, verstellt und gemißdeutet und machte einen getreuen und authentischen Abdruck des Ganzen notwendig. Allein die Verfolgung der guten Sache wußte denselben durch ein hartes Verbot zu verhindern, worauf ihn aber der Schutzgeist einer erlaubten und vernünftigen Publicität an einem andern Orte zu befördern suchte, und dadurch zugleich alle diejenigen beschämte, welche der argen Muckerey und boßhaften Blindschleicherey ihr Ohr geliehen und dadurch einen Gegenstand, den sie doch nicht zu würdigen vermochten, verdächtig gemacht hatten."

Theologische Nachrichten
Nr. XVI.
Marburg, den 17ten May 1802.

„Eine gegen die Freyschule zu Leipzig seit einiger Zeit eingeleitete Untersuchung machte, während meines Aufenthalts in dieser Stadt, großes Aufsehen, und ich würde Ihnen die mir von unverwerflichen Männern darüber mitgetheilten Nachrichten zur öffentlichen Benutzung vorlegen, wenn ich nicht voraussetzen müßte, daß der Vorfall*) auswärts hinreichend bekannt und wahrscheinlich in den Theol. Nachrichten desselben schon Erwähnung geschehen wäre, ehe mein Schreiben zu Ihnen gelangt. Offenbar kommt die Verdächtigmachung der Reinheit der Lehre in dieser achtungswerthen, und bisher vom gesegnetsten Erfolg begleiteten, öffentlichen Unterrichts- und sittlich-religiösen Bildungsanstalt von einigen Männern des Magistrats her, welche ihr von jeher abhold waren, und ihrem fanatischen Unmuthe freyen Spielraum ließen, sobald der schützende Genius des unvergeßlichen Kriegsraths Müller die Unternehmungen der Freunde der Finsterniß nicht mehr vereiteln, und im Keime ersticken konnte; ganz laut nannte man die Herren Bürgerm. Apel und Proconsul Einert als Gegner der Freyschule. — Auf das genaueste hängt

---

*) Die Vorsteher und Lehrer der Freyschule werden ersucht, dem Publikum die Geschichte dieses Processes, wobey ihre Ehre, als gewissenhafte und pflichtmäßig handelnde Männer im Spiele ist, nicht vorzuenthalten. Wollen oder müssen sie schweigen, so werde ich den Bericht eines dritten abdrucken lassen.　　　　Der Redakteur.

hiermit die Geschichte einer Rosenmüllerschen Predigt zusammen 2c.

Der verehrungswürdige, und in L. kindlich verehrte und enthusiastisch geliebte Rosenmüller, der sich der Freyschule mit väterlicher Sorgfalt und mit dem reinen Interesse, was ihn für religiöse Wahrheit und Tugend beseelt, von jeher angenommen hat, und daher bey der erwähnten Inquisition über die Orthodoxie des in derselben ertheilten Unterrichts mittelbar oder unmittelbar mit begriffen ist, hielt in der Thomaskirche, am Tage Mariä Verkündigung, eine vortreffliche Predigt über das Reich Jesu Christi, unsers Herrn.

(Folgt kurzer Auszug des Inhalts mit wörtlicher Angabe der gravierenden Stellen.)

Diese Predigt erregte allgemeine Sensation. Der würdige Verfasser leugnete keineswegs, die Verleumder der Freyschule in einigen Stellen derselben bezeichnet, jedoch ohne Personen berücksichtigt zu haben; er durfte das nicht nur, sondern er war verpflichtet, das zu thun, weil ihre notorische Verleumdungen, Anschwärzungen und Verfolgungen öffentlich bekämpft werden mußten, wenn das Gute nicht dadurch gehemmt werden, und der Plan der Kinder der Finsterniß nicht gedeihen sollte. —

Einige Mitglieder des Magistrats fühlten sich getroffen; statt aber in sich zu gehen, wie es wirklich guten Christen geziemet hätte, und hinfüro nicht mehr zu sündigen, verklagten sie (ich kann nicht sagen, ob sie allein, oder ob der ganze Rath mit ihnen gemeinschaftliche Sache machte? das letztere will ich nicht fürchten) den biedern Rosenmüller bey dem Kirchenrath in Dresden, und führten den §. des Tumultmandats (!!!) gegen ihn an, worin

es heißt: „Prediger sollen sich aller Äußerungen enthalten, wodurch die Unterthanen zur Unzufriedenheit
mit der Obrigkeit veranlaßt werden könnten." —

Als R. dies gewahr wurde, entschloß er sich, die
Predigt drucken zu lassen, und der Verleger, Fleischer jun.,
ließ eine Ankündigung derselben in die Zeitung einrücken. Der Verleger wurde vom Rathe vorgeladen,
und ihm der Druck und Verkauf der Predigt bis nach
eingegangener Resolution des Kirchenraths untersagt.

R. ließ die Predigt nun auswärts auf seine Kosten
drucken, es wurden in einem Tage **Tausend Exem-
plare** in Leipzig verkauft. — Da die ganze Predigt
eine musterhafte Darstellung eines der wichtigsten und
gehaltvollsten Lehrsätze des Christenthums, und auch
nicht **Eine** Stelle enthält, welche mit den Grundsätzen
der christlichen Religion, und mit den Pflichten und
Rechten eines christlichen Religionslehrers unvereinbar
wäre; da es vielmehr dem würdigen christl. Prediger
zur Pflicht gemacht werden muß, die Obrigkeit, sowie
allen Ständen, ihre Pflichten und Obliegenheiten vor-
zuhalten; denn wer sonst soll es thun? — da überdieß
die Kläger einen Eingriff in die Rechte der
Universität gethan haben, welcher das Bücher-
wesen und die Censur ausschließend übergeben
worden ist; so läßt sich unfehlbar erwarten, daß der
Kirchenrath die Kläger oder Denuncianten mit einem
wohlverdienten Verweise über die Unart und Un-
ziemlichkeit, welche sie sich gegen einen so würdigen und
verdienten Mann, der auch seinem bürgerlichen Range
nach weit über dem Stadtrath steht, erlaubt haben,
zur Ruhe und Ordnung verweisen werde. Vom Ver-
folge werde ich nächstens Nachricht ertheilen."

Theologische Nachrichten. Nr. XXX.
Marburg, d. 13. September 1802.

Leipzig, im Aug. 1802.
(Vergl. Theol. Nachr. d. J. Nr. XVI. S. 185 ff.)

In Ansehung der vom Rathe gegen den würdigen
Rosenmüller erhobenen Klage, hat sich der Kirchenrath
in Dresden sehr weise benommen; er sah das An-
maaßende und Harte derselben ein, und legte sie bey
Seite. Der andere Bürgermeister Hermann wurde
in einem Briefe ermahnt, möglichst bald an einer fried-
lichen Beylegung dieser Streitigkeit zu arbeiten, weil
ein Mann von solcher Sanftheit und biederer Gerad-
heit, wie R. auf das heftigste gereizt worden seyn
müsse, um die Angelegenheit öffentlich zur Sprache zu
bringen. Auch R. wurde privatim gebeten, keinen
Schritt weiter zu thun, sondern seinen gewohnten Gang
mit Sanftmuth fortzugehen. Der Proconsul Einert
leitete ein Versöhnungsfest ein, wozu die Nieder-
legung des bisher von Apel geführten Vorsteher-Amtes
über die Thomasschule eine schickliche Veranlassung gab.
A., der schon 4000 Rthlr. zur Unterhaltung eines
Lehrers der Mathematik an der Thomasschule fundirt
hat, setzte jetzt noch 1000 Rthlr. aus, durch deren Interesse der Wittwenfiscus der Schullehrer vermehrt wird.

Seit der Zeit wird der Bau der großen Bürgerschule fortgesetzt, und der jetzt zum dritten Bürgermeister ernannte Hofrath Einert, ein kenntnißreicher
und braver Mann (dem ihr Correspondent etwas zu
nahe gethan hat) wird sich dieser gemeinnützigen Anstalt auf das thätigste annehmen." —

————

Schien hiernach diese fatale Angelegenheit zu
einem vollständig befriedigenden Abschlusse gekommen

zu fein, fo wollten die Anfechtungen doch noch nicht zur Ruhe kommen. Sie dauerten bis in das Jahr 1804. Nach Verlauf von zwei Jahren fchien es der oberften Kirchenbehörde an der Zeit, über den nun= mehrigen Zuftand der Ratsfreifchule durch das Leipziger Konfiftorium Bericht zu erfordern.

In den von J. H. Hanfen ebenfalls geführten Acta privata der Vorfteherschaft der Rathsfreyschule Vol. II, pag. 93 ff. finden wir das vom Rate an das Konfiftorium gerichtete Antwortfchreiben, das uns hierüber Auffchluß giebt.

Es lautet:

Ad ampliss. Consist. Lips.

P. P.

Ew. haben unter abfchriftl. Zufertigung eines in Betreff der von uns geftifteten Armenfreyfchule, bey Denenfelben anderweit eingegangenen gnädigften Re= fkripts, an uns zu verordnen geruht:

„daß wir, in welchem Zuftand fich gedachte Freyfchule in jeder Hinficht dermalen befinde, des förderfamften an Diefelben berichten follten.“

Wir unfers Orts können theuer verfichern, daß uns, abgefehen von jener Anzeige, welche der Pfarrer zu Liebftädt und Goldbach, H. M. Lommatzfch, unterm 29. Nov. 1800, höchften Orts eingereichet, die fich doch weder bey der zuerft angeordneten Befragung des Knabens Beyer, noch auch bey der nachher dem ordentlichen Profeffor der Theologie, Herr D. Wolfen aufgetragenen und von ihm bewerkftelligten öffentlichen Prüfung beftätigt hat, von diefer Zeit an bis jetzt, irgend etwas Nachteiliges in Anfehung der Lehrart fowol, als in jeder andern Hinficht, nicht bekannt worden ift.

Es hat uns auch der von uns, dem Rathe, verordnete Vorsteher dieser Schule, der Herr Baumeister
Justus Heinrich Hansen, der seiner Gewohnheit nach,
sothane Schule fleißig und wöchentlich wenigstens
einigemahl, zu besuchen pflegt, und für Zucht und
gute Ordnung alle mögliche Wachsamkeit beweiset,
etwas Widriges nicht angezeigt.

Die Kinder besuchen diese Schule mit Lust und
die Ältern sind mit dem Unterrichte und der Bildung,
die ihre Kinder in derselben erhalten, völlig zufrieden.

Soviel die sonntäglichen Andachtsübungen und
Catechisationen anbetrifft, so sind durch die bereits
i. J. 1801 getroffene und bisher ununterbrochen bei-
behaltene neue Einrichtung, nach welcher solche erst
nach geendigtem Frühgottesdienste in den Stadtkirchen
ihren Anfang nehmen dürfen, alle Bedenklichkeiten,
die deshalb vorher entstehen wollen, gehoben worden.
Wie wir nun nicht säumen mögen, Ew. pp. solches
berichtlich anzuzeigen, also fügen wir blos noch die
Versicherung hinzu, daß wir unausgesetzt, mit der
vollkommensten Hochachtung verharren

pp.

Leipzig,   D. Rosenmüller, S.
den 6. Juni 1804.   Der Rath zu Leipzig.

Ob der Ratsbericht ihm nicht genügte oder ob
das Konsistorium auf höheren Befehl handelte — die
Akten erzählen schließlich noch von einer kurz darauf
erfolgten Visitation bezl. der Rechtgläubigkeit der
Schule und ihrer Lehrer, besonders des Vicedirectors
Dolz. Das Resultat war kein anderes, als die vor-
hergegangenen. Die Ratsfreischule ging auch aus
dieser letzten Anfechtung gerechtfertigt hervor.

Hanſen bemerkt hierzu in ſeinen Akten (Vol. II, p. 101):

Leipzig, d. 27. July 1804.

Dieſen Nachmittag meldete mir der Herr Direktor Plato, daß dieſen Morgen früh nach 7 Uhr eine Solenne Deputation aus dem Hochlöbl. Consistorio, namentlich

der Präſident Herr von Berbisdorf,
der Aſſeſſor Herr Doctor Keyl
nebſt
dem Protonotar H. Carthaus
ingleichen aber auch
Herr Synd. Dr. Pohl, als Deputirter des Raths,
nebſt dem Ausreuter Müller

ſich unvermuthet als Schul-Visitatores in der Freyſchule eingefunden hätten. Sie hätten ſich in den erſten Mädchen- und erſten Knaben-Claßen aufgehalten, um den Unterricht anzuhöhren. Die Gegenſtände, worüber catechiſirt worden wären, ſeyen verſchiedenen Innhalts geweſen, beſonders hatte H. Dr. Keyl über den 3ten Articul eine Catechiſation verlangt, welche H. Vice-director M. Dolz gehalten. Bey wieder Entfernung aus der Freyſchule hätten ſämmtliche H. Deputirte ihre Zufriedenheit bezeugt, beſonders hätte der Präſident geäußert, daß Er, da Ihm die Lehrart und die Sittlichkeit völlig gefiele, nunmehr öfterer als Freund die Schule beſuchen würde.

Nachrichtl.
Nota: Dieſe Visitation iſt ohne dem Ephoro H. D. Roſenmüller u. mir geſchehen, auch iſt uns beiden nicht das geringſte davon vorhero gemeldet worden.

Heute, den 6. Auguſt 1804 hatte ich Gelegenheit mit dem Syndico, Herrn Dr. Pohl, zu ſprechen. Auf mein Befragen, ob derselbe mit der Catechisation über den 3ten Artikel des christlichen Glaubensbekenntnisses zufrieden gewesen sey, versicherte mir derselbe seinen völligen Beyfall, mit der Beyfuge, daß er weder in den Fragen des Lehrers, H. M. Dolz, noch in den Antworten der Kinder, etwas unrechtes gefunden, noch man die Schule der heterodoxie beschuldigen könne.

Am Schluße unserer Arbeit, die allen Freunden der nun 100 Jahre in Ehren bestehenden Ratsfreischule ein vollständiges Bild ihres gesamten Wesens und Wirkens am Anfange dieses Jahrhunderts geben soll, gedenken wir nochmals ihres damaligen Leiters, des Direktors Carl Gottlieb Plato und lassen ihn noch einmal sprechen in einem Berichte an seinen „Verehrungswürdigsten Vater Hansen", den wir deshalb unverkürzt zum Abdruck bringen, weil darin der ganze feste Charakter des Mannes, seine liebenswürdige Persönlichkeit und seine treue Hingebung für die Interessen der Anstalt, der tüchtige Pädagog und Fachmann, sowie ein Bild des Zustandes der Schule selbst, bei Beendigung jener Prüfungstage, lebendig vor die Erscheinung tritt.

An den Herrn Baumeister und Vorsteher
der Rathsfreyschule
Herrn Justus Hansen Wohlgebohren.

P. P.

Dero Zuschrift nebst dem Nahmenverzeichnisse derer Kinder, welche die Eltern zur Aufnahme in die Rathsfreyschule bei Ew. Wohlgebohren angemeldet haben, erhielt ich den 20. Febr. Mittags. Ich habe selbiges genau durchgelesen und beyliegend meine unmaßgebliche Bemerkungen beigefügt.

Ehe wir aber zum decifiven Refultat über diefen dießmal fehr wichtigen Gegenftand fchreiten, fo fey es mir erlaubt, gewißenhaft Ihnen vorher eine kurze Beurtheilung von dem jetzigen Zuftande der ganzen Anftalt mitzutheilen, welche uns in Hinficht der zu veranftaltenden Aufnahme in diefem Jahre fchlechter= dings zu erwägen nothwendig ift.

Längft fchon haben die erfahrenften Kenner des Schulwefens entfchieden, daß die Anzahl die Güte einer Anftalt nicht nur nicht beweift, fondern im Gegentheil, wenn fich die Claße, welche ein Lehrer gewißenhaft und zweckmäßig befchäftigen und zugleich für Geift und Herz gleich gut forgen folle, über Fünfundzwanzig belaufe, eine folche Schule verdächtig mache und in phyfifcher und moralifcher Hinficht für den Staat gefährde.

Bloße Unwißenheit und gerade die ftrafbarfte Sparfamkeit des Staats und feiner Beamten hat hier mit Wenigem Viel ausrichten wollen, weil fie nicht mehrere Lehrer anftellen und felbige beffer befolden wollen. Urtheilen Sie nun, Verehrungswürdigfter Herr Baumeifter, was kompetente Richter über eine Anftalt, welche Claßen von 80—100 — ja fogar von 140 Kindern hat, welche alle ein Lehrer in einer Wißen= fchaft zweckmäßig befchäftigen und zugleich ihre Mora= lität heben foll, für eine Entfcheidung geben müßen.

Wenn wir alfo nicht fernerhin höchft ungerecht gegen die Anftalt, gegen das Leben hungernder Lehrer, feyn wollen: fo ift in diefem Jahre gar nicht die Frage: Wieviel wollen und können wir neue Kinder auf= nehmen, fondern wieviel müßen wir eigentlich noch von den bereits habenden überzähligen Kindern, welche vor dem Jahre zu ftark aufgenommen worden find, entfernen, wenn wir zumal fehen, wie dieß der

fall bey Hunderten ift, daß fie die Schule eigentlich
gar nicht fchätzen. Sie äußern in Ihrem Schreiben.
daß die obern Claßen zu ftark wären, und ich —
gerade umgekehrt, will Ihnen mit den unumftößlichften
Gründen darthun, daß alle unfere Unter- und Mittel-
Claßen viel zu ftark find. Und welche Claßen erfordern
denn forgfältigere und genauere Pflege und mühfamere,
nicht eilfertige Kultur? den abgemeßenften Stufen-
gang? auch nicht die mindefte Übereilung? die regel-
mäßigfte Gewöhnung? —

Die untern Claßen find die wahren Baumfchulen.
Sind diefe, wie das jetzt faft der Fall bey unfrer Anftalt ift, fchlecht organifirt, fo wird und kann es nicht
fehlen, die ganze Schulanftalt finkt in einigen Jahren
mit Schrecken derer, die an ihrer Spitze ftehen, zur
elendeften Winkelfchule herab.

Daß wir jetzt in unfren Ober- und Mittel-Claßen
fo viele Elende und einen großen Theil moralifcher
Krüppel haben, — das Alles haben wir der zu ftarken
gefährlichen Anhäufung und Überfüllung der Claßen
zu verdanken. Hierzu kommt nun noch der ftete
Wechfel der Lehrer, öfters folcher, die nicht wieder er-
fetzt werden können.

Niemand will faft jetzt die erften Elemente lehren;
Niemand will in die ftarken untern Claßen, in welchen
gerade Männer von Geduld, pädagogifchem Scharf-
finn, von vieler Erfahrung, kurz Meifter in der pfy-
chologifchen und phyfifchen Erziehung ftehen follten.
Keiner von allen den jetzigen Lehrern hat den reinen,
warmen Enthufiasmus für die Anftalt und feine Claßen,
welcher fonft durchgängig bey denen, die man von
Leipzig weggehen ließ, herrfchte. Die Meiften unfrer
Herrn Lehrer fehen die Stunden, welche ich ihnen über-

trage, wie die meisten Hauslehrer, als Lückenbüßer, sehen die Anstalt — die ehemals weltberühmte Frey-schule —!! vermittelst ihres noch alten Ruhmes, als ihre Amtsbeförderin an, verwenden mehr Zeit und Kräfte auf Privatstunden in den Familien, die ihnen Brodt geben, und überlaßen die meisten Stunden und die ganze Disciplin, die zweckmäßige so wichtige Ver-beßerung des moralischen Sinnes und der Karakter-bildung der Kinder, die weise, so nothwendige Wirkung auf die Eltern — dem armen fast unterliegenden Direktor, unbekümmert ob selbiger nur eine einzige Erholungsstunde die Woche hindurch habe. Die meisten jetzt angestellten Mitarbeiter beseelt ein häßlicher Eigen-nutz, wovon klagbare Beilage sub ⊙ Zeugin ist.

Man zeige mir z. B. unter allen Lehrern jetzt den, der, wie ehemals, den Karakter der jetzigen Zög-linge, die er unterrichtet, kennt. Alles dieß und Andere überlaßen sie mir. Können sie aber auf diese Weise wol glücklich auf die Begründung der Hauptsache, ich meine auf die unnachlaßbare Sittlichkeit und christliche Gewöhnung künftiger Bürger und Bürgerinnen wir-ken? Können solche Miethlinge, welchen die Anstalt 40—50—70 Rthl. jährlich darreicht, wohl gewißenhaft und con amore für das Fach arbeiten? Können sich Lehrer, welche 6—7 Stunden in Familien täglich noch geben, wol gewißenhaft auf ihre Lectionen vorbereiten? Können sie sich eine beßere zweckmäßigere Methode zu eigen machen? Und wem überlaßen solche Herren alsdann gern die wichtigeren Wißenschaften, welche soviel Vorbereitung kosten, und welche in unsern Zeiten der vernünftig gebildete Bürger und denkende Christ doch schlechterdings nicht entbehren kann? — Dieß könnte ich noch beßer als der Lectionsplan beantworten.

Aus eben diesen und andern Ursachen sind auch

leider! alle paedagogische monatliche Konvente, in welchen die jüngern unerfahrenen Mitglieder eine so reiche
Quelle für die Erlernung zweckmäßiger Methoden und
paedagogischer Handgriffe fanden, nun eingegangen;
und diese jungen unerfahrenen Anfänger, welche sonst
gleichsam ein stilles Seminarium ausmachten, sind
sich nun entweder selbst überlaßen, machen zwar durch
eigenes Zuhören und etwaiges Abstrahiren in den
Claßen, welches ich ihnen zur Pflicht mache, nach und
nach Versuche, aber Versuche, welche freylich nicht selten
die unglücklichsten sind, und welche hernach dem, welcher das Ganze dirigiren soll, keinen geringen Eintrag
thun.   Dieß ist auch die Ursache, warum jetzt eine so
verschiedene, höchst nachtheilige Lehr- und Disciplin-
form einzureißen anfängt, wo ich täglich, ja fast stünd-
lich, Alles versuche und aufbiete, die daraus nothwendig
entstehenden Übel soviel als möglich zu vermeiden und
unschädlich zu machen; und wozu ich manche manche
schöne Stunde, welche mir vielleicht Viele nicht verdanken, anwenden muß, die jüngern Glieder der Anstalt entweder mündlich oder schriftlich zu unterrichten,
wobey ich selbst wöchentlich noch einige 30 Stunden
in den verschiedenen Claßen geben muß.

Können Sie, Verehrungswürdigster Herr Baumeister, wenn Sie alles dieß und noch vieles Andere,
welches ich jetzt der Weitläufigkeit wegen nicht anführen will, beherzigen, es für zweckmäßig finden, oder
von meiner Seite für unbillig halten, wenn ich Ihnen
jetzt aus überdachten Gründen schlechterdings den Rath
gebe, jetzt gar nicht an eine so solenne Aufnahme
der Kinder zu gedenken, da wir leider! noch viel zu
viele Kinder besitzen, welche unter solchen Umständen,
wenn keine Abhilfe bald geschehen kann, auf keine
Weise den gehörigen Grad von sittlicher und religiöser

Bildung und Brauchbarkeit für den Staat einmal erlangen können?

Oder nehmen wir in diesem Jahre über 25 kleine
Kinder auf, so versichere ich Sie aufrichtig, ich stehe
nicht für alle nachtheilige Folgen, welche daraus unausbleiblich entstehen werden. Noch weniger kann ich
mich in diesem Jahre so ausschließlich selbst mit diesen
Claßen unaufhörlich beschäftigen, weil meine ökono-
mischen Umstände, weil ich die ersten 6 Jahre unbilliger
Weise fast Alles zugesetzet habe, sonst noch kummer-
voller in Leipzig werden dürften.

Nach Ihrem Befehle habe ich auch in Beilage
die Anzahl der Katechumenen beigelegt. Allein auch
dieß kann keinen Grund zur Bestimmung der Anzahl
der Aufzunehmenden abgeben, wie aus obiger Darstellung zur Genüge erhellet. So wie überhaupt der,
verzeihen Sie, Ehrwürdigster Vater, welcher die Ver-
standes- und Herzens-Kultur des Schul-Cötus leiten
soll, schlechterdings gewißenhaft nur bestimmen kann
und muß, wieviel in diesem oder jenem Jahre, da der
moralische Wachsthum, besonders unter manchen
Lehrern, alle Jahre sehr abnehmen muß, und folglich
viele Kinder unter einer solchen Menge wirklich verwahrlost werden, eigentlich können aufgenommen werden.

Oder gesagt, wir wollten unser Herz entscheiden
und recht vielen armen Kindern diese Wohlthat
angedeihen laßen, — glauben Sie, Ehrwürdigster Herr
Baumeister, daß wir dadurch unsern Zweck erreichen
werden? Werden nicht Lehrer, welche ohnedem in
diesem Jahre, aus diesem Grunde, ziemlich unmuthig
waren, und mir geradezu die Schuld der überstarken
Claßen beigemeßen haben, noch verdrüßlicher werden,
und alsdann, wenn sie die Unmöglichkeit zu nützen, vor
Augen sehen, vielleicht noch weniger thun?

Und sind nicht 50 gut gewöhnte und zweckmäßig gebildete junge Menschen für das christliche gemeine Wesen einmal nicht dreyfach nutzbarer, als 200 verbildete oder vernachläßigte junge Leute? —

Selbst erfahrene Fremde haben mir die überstarke Claßen-Menge zu einem eben nicht ehrenvollen Vorwurfe gemacht.

Ich überlaße demohngeachtet Dero Überlegung und gütiger Beurtheilung alle obige Punkte, und bin gewiß, daß Sie, vermöge Ihrer Wahrheitsliebe und Gerechtigkeit, diese meine gewißenhafte und freymüthige Darstellung für das, was sie wirklich ist, erklären werden, für eine Erklärung, die ich der Anstalt, (welche ich fast einzig und allein 10 Jahre hindurch, unter mancherley Kummer und Sorgen und Arbeit geleitet, hier und da vervollkommnet habe), für eine unbefangene Rechenschaft, welche ich dem jetzigen väterlichen Vorsteher schuldig bin, und für eine Äußerung, auch vielleicht das letzte Jahr in Leipzig einer Anstalt, die ich innigst liebe, unter Ihrer Protektion und Fürsorge noch recht nutzbar werden zu wollen.

Vergeben Sie meiner Weitläuftigkeit und glauben Sie überzeugungsvoll, daß ich mit unbedingtem Vertrauen auf Ihre beispiellose Thätigkeit und gemeinnützliche Fürsorge mit der dankbarsten Verehrung seyn und ersterben werde als

Ew. Wohlgebohren

Rathsfreyschule,   gehorsamster
den 4/III 1803.   C. G. Plato.

Beilage I.

Prüfungsarbeit des Schülers Knuth.

Die feyerliche Handlung, welche vor der erſten Abendmahlfeyer der jungen Chriſten vorausgeht, heißt Confirmation. Dieſes Wort iſt aus dem Lateiniſchen in die Gerichtsſprache aufgenommen worden, wo confirmiren beſtätigen und Confirmation Beſtätigung heißt. Im religiöſen Sinne hat es die nämliche Bedeutung. Junge Chriſten beſtätigen nämlich ihren Taufbund oder das an ihrer Statt durch die Taufpathen gegebene Verſprechen, als Chriſten zu glauben, zu denken und zu handeln. Ihnen werden dagegen die Rechte der Chriſten beſtätigt oder zugeſichert.

Die zwey Fragen, welche der junge Chriſt vor ſeiner Confirmation ſich gründlich und vollſtändig beantworten muß, ſind: 1. Was ſoll ich als Chriſt thun? 2. Was ſoll ich als Chriſt glauben? Die Antwort auf die erſte Frage giebt die chriſtliche Tugendlehre, auf die zweyte die chriſtliche Glaubenslehre und dieſe wollen wir zuerſt durchgehen.

Der junge Chriſt iſt in der Taufe verpflichtet worden zum Glauben an Gott den Vater, zum Glauben an Jeſum, den Sohn Gottes und zum Glauben an den heiligen Geiſt.

1. Artickel.

Ich bin aus Gründen der Vernunft und Schrift überzeugt, daß Gott der Vater aller Menſchen (corr. ſey), deſſen Macht durch Nichts eingeſchränkt iſt, was nicht gegen ſeine Heiligkeit ſtreitet, (corr. der) die ganze Welt hervorgebracht oder geſchaffen hat.

Daß ein Gott sey, sagt Vernunft und Bibel; er wird in der Bibel als allmächtig, weise, heilig, allwißend, gütig u. s. w. beschrieben; und dieß bestätigt unsere Vernunft, wenn wir die schöne Einrichtung und Ordnung der Dinge betrachten.

(Randbemerkung des Lehrers: Die Ordnung, in welcher hier die Eigenschaften Gottes angegeben sind, ist nicht diejenige, nach welcher sie durchgegangen wurden.)

Diesen Gott aber dachten sich die Juden nicht so, wie ihn Jesus denken lehrte. Sie glaubten, er sey ein zorniges Wesen, das nur durch Opfer versöhnet werden könne, und hielten ihn blos für ihren Nationalgott. Diese Vorstellung konnte aber keineswegs für sie beruhigend seyn, weil sie nie glaubten, mit ihm ganz ausgesöhnt werden zu können.

Nun traten zwar schon vor Christus erleuchtete Männer auf, welche wir unter dem Namen der Propheten kennen. Diese lehrten, daß Gott nicht blos durch äußere Ceremonien verehrt werden könne, sondern durch ein tugendhaftes Leben verehrt werden müße. Jesus aber gab die deutlichsten Belehrungen von Gott, als Vater der Menschen.

Durch die Taufe sind wir also verpflichtet, diesen Gott als unsern Vater zu verehren.

Zweytens sind wir in der Taufe verpflichtet zum Glauben an Jesum, den Sohn Gottes.

II. Artickel.

Ich bin aus Gründen der Vernunft und Bibel überzeugt, daß Jesus in einer so genauen Verbindung mit Gott stand, daß er (corr. sich) in einem Sinne, wie

Niemand anders, den eingebohrenen Sohn deßelben nennen konnte, daß er unser Herr (Oberhaupt der durch ihn gestifteten Religionsgesellschaft) ist, der sein Daseyn als Mensch einer außerordentlichen Wirkung des heiligen Geistes verdankt 2c.

Gott sandte den, den Juden verheißenen und von ihnen schon längst erwarteten Messias, welcher sich selbst Gottes Sohn nannte. (Joh. 3, 16. 17.)

Dieser Jesus ist nun von einer höhern Natur als alle vernünftige Wesen, Menschen und Geister. Dieß sagt uns die Bibel. Sie sagt nämlich, wie wir schon vorhin sahen, Jesus sey Gottes eingebohrner Sohn. (Joh. 3, 16. 17 Also hat Gott die Welt (Menschen) geliebt, daß er seinen eingebohrenen Sohn gab 2c.) Ferner versichert er (corr. Jesus) selbst, er sey vom Himmel gekommen (Joh. 6, 38. Ich bin vom Himmel gekommen, nicht daß ich meinen Willen thue 2c.), sey noch vor Abraham gewesen (Joh. 8, 58 Wahrlich, wahrlich, ich sage euch, ehe denn Abraham ward, bin ich) und die Ehrfurcht, welche man Gott schuldig sey, sey man auch ihm schuldig (Joh. 5, 22. 23).

Die Apostel lehrten, er sey von Anfang bey Gott gewesen, und durch ihn wäre alles geschaffen worden. (Joh. 1, 1—3). Er sey das Ebenbild des unsichtbaren Gottes, der Erstgebohrne (Oberhaupt, Herr) aller Kreaturen, (Kor. 1, 15) dem sogar die Engel Anbetung schuldig sind. (Ebr. 1, 6. Da er einführt den Erst- gebohrnen in die Welt, spricht er: und es sollen ihn alle Engel Gottes anbeten) und welcher Joh. 1, 1 sogar Gott genannt wird.

Jesus ist nun Stifter oder Begründer unserer Religion, und zwar der besten Religion. Daß er Stifter der besten Religion ist, sagen wir deswegen, weil seine Religion die Eigenschaften hat, welche zu der beſten Religion erfordert werden. Sie ſtimmt erſtens völlig mit unſerer Vernunft überein, und zeigt uns zweytens den ſicherſten Weg zur Tugend und ächten Glückſeligkeit, den alle Menſchen betreten können. Daß dieſes ſo iſt, lehrt die Erfahrung, denn wenn wir die Vorſchriften Jeſu befolgen, ſo werden wir tugendhafte und glückſelige Menſchen. Dieß nennt man die innern Beweiſe für den göttlichen Urſprung des Chriſtenthums.

Allein auch die Art und Weiſe, wie er ſeine Religion einführte, (das nennt man die äußern Beweiſe für die Göttlichkeit der Lehre Jeſu) läßt uns ſchließen, daß dieſelbe nicht nur ganz den Willen Gottes enthält, ſondern auch von Gott kam (geoffenbaret ſey) und folglich die beſte ſey.

In der Bibel wird uns nämlich geſagt, daß Jeſus Dinge gethan habe, welche über die bekannten Kräfte und Geſetze der Natur gehen und die kein andrer Menſch alſo thun kann, und dieſe nennt man Wunder. Jeſus belebte z. B. todte Menſchen, heilte Krankheiten u. dgl. und zwar durch bloßes Anrühren, ohne alle Arzeney, und dieſe Wunder zweckten alle darauf ab, das Wohl der Menſchen zu befördern.

Die Möglichkeit dieſer Wunder kann nicht geleugnet werden. Denn wie könnte es dem Allmächtigen unmöglich ſeyn, auch ſolche Wirkungen hervorzubringen, welche nach den uns bekannten Geſetzen und Kräften der Natur nicht erklärt werden können? Auch ſtreitet es nicht gegen die Heiligkeit und Weisheit Gottes, die Wirklichkeit der Wunder anzunehmen (d. h. ſie ſind moraliſch möglich).

Es leidet auch nach den vorhandenen Zeugnißen keinen Zweifel, daß Jeſus die von ihm erzählten Wunder (corr. eingeſchalten: wirklich) that. Ihr Zweck war, die Menſchen auf ſeine Lehre aufmerkſam zu machen und sich als ein außerordentlicher Gesandter Gottes zu zeigen, der darum in die Welt gekommen sey, um durch seine, als die beste Religion, den Weg zur Tugend und Glückseligkeit zu zeigen.

Hierher gehören auch die Weissagungen (Vorherverkündigungen künftiger zufälliger Ereigniße). Er sagt z. B. die Art seines Todes (Luc. 18, 31—33), die Schicksale seiner Schüler u. dgl. voraus, und ob man es zwar für unglaublich hielt (corr. halten mochte), so traf doch alles genau ein.

Eine der größten Wohlthaten, welche wir Jesum zu verdanken haben, ist die, daß er das ganze menschliche Geschlecht mit Gott aussöhnte, und deswegen nennen wir ihn Versöhner.

Ob nun zwar Gott nicht auf menschliche Art beleidigt und erzürnt werden kann, und er folglich auch nicht nach menschlicher Art und Weise mit den Menschen aussöhnen (corr. ausgesöhnt werden) kann, so hat er doch als Heiliger den größten Abscheu an den Sünden und Lastern der Menschen.

Da er allmächtig ist, so konnte er auch die Menschen auf eine willkührliche Art strafen, und es kann daher dem Sünder dieser Gedanke Angst und Furcht verursachen, so daß er seinen vielleicht gefaßten Vorsatz, sich zu beßern aufgiebt, weil er glaubt, Gott werde ihn, wegen seiner vorherigen Vergehungen strafen, und nicht auf seine Beßerung Rücksicht nehmen.

Ebenso dachten die Menschen vor Jesu Zeiten auch; sie brachten Gott daher Versöhnopfer, welche in ihren liebsten Dingen, ja oft selbst in ihren Kindern bestanden, weil sie eben glaubten, dadurch den vermeinten Zorn der Gottheit abzuwenden, blieben aber dabey in einem unruhigen Gemüthszustande.

Gott, als liebevoller Vater der Menschen, ließ daher den Menschen durch Jesum verkündigen, daß wenn sie mit Ernst an ihrer Beßerung arbeiten wollten, ihnen alle ihre Sünden vergeben seyn sollten, und daß Jesus, der Sohn Gottes, selbst unschuldig, aus Liebe für die Menschen den schmachvollen Tod erdulden wollte.

Dieses sollte das letzte große Sühnopfer seyn; Gott wolle den Tod Jesu eben so ansehen, als wenn die Menschen selbst die verdienten Strafen für ihre Sünden empfangen hätten (2. Kor. 5, 14). (Randbemerkung des Lehrers: „Die Bedingung, Beßerung, nennt man auch den thätigen Glauben 2c.) Man sagt auch, Jesus habe für die Menschen genug gethan.

Jesus hatte vor seinem Tode seinen Schülern gesagt, daß er am dritten Tage wieder auferstehen werde, und dieses geschah. Er ging am dritten Tage lebendig aus dem Grabe hervor, und nachdem er eine Zeitlang noch bey seinen Schülern gewesen, und mit ihnen den vertrautesten Umgang gehabt hatte, verwechselte er seinen irdischen Wohnort mit dem Himmlischen. Hiervon sind seine Apostel und viele andere Leute Zeugen gewesen (1. Kor. 15, 5. 6.), da dieses nun ehrliche, (corr. eingeschalten: wahrheitsliebende) rechtschaffene Männer waren, so verdient dieses Zeugniß allen Glauben.

Noch mehr aber bestätigt sich es, daß er auferstanden sey und sich im Himmel befinde, dadurch, weil er seinen Schülern die nämlichen Gaben ertheilte, welche er selbst brauchte, um seine Lehre auszubreiten (Apostelg: 3, 12. 13. 16), diese verrichteten nun solche Thaten, wie Jesus gethan hatte.

Weil nun Jesus sogleich nach seinem Hingang von dieser Erde seine Macht und Herrlichkeit offenbaret

hat, indem er die besten Anstalten traf, seine Lehre auszubreiten, so erkennen wir ihn als unsern Herrn und
als unser Oberhaupt.

Wir glauben manchen Lesern und alten Schülern
und Schülerinnen der Ratsfreischule einen Dienst zu
erweisen, wenn wir ihnen durch

Beilage II

ein Bild der daselbst bis zum Jahre 1803 üblichen
Konfirmationen (dann wurden sie öffentlich) und
Entlassungen darbieten. Es sind die aus den Jahren
1801 und 1802 und manche Beziehung auf die „Untersuchung" darin zu finden.

Beilage II.

Liturgie
bei der Konfirmationsfeier in der Rathsfrey-schule am Palmsonntage,
den 29. März 1801.

1. Nach sanftem Präludium:

   Lied 211. O Tag der Andacht, sey mir theuer 2c.
2. Nach einer kurzen Anrede an die Kinder:

   Lied 250. Wie feyerlich sind nicht für mich 2c.
3. Während der Prüfung, nach dem ersten Theil der Unterredung:

   Lied 225. Preis und Anbetung bringen wir 2c.
4. Nach dem Glaubensbekenntnisse, indem vier Katechumenen das feierliche Versprechen durch Darreichung der Hand bestätigt haben, singt die Versammlung allein:

   Lied 252 v. 5. Wache Vater über sie 2c.

   Darauf singen die Katechumenen allein:

   Lied 252 v. 6. Laß uns unsrer Taufe Bund 2c.
5. Nach der Konfirmation:

   Lied 61. Ich bin ein Christ 2c.
6. Nach dem Gebete und Wunsche:

   Lied 51 v. 5. O Vater, segne mein Bestreben 2c.

Plan
zur Confirmations-Handlung 1801
von
D. Rosenmüller.

Nach einer kurzen Einleitung von dem Zweck der Confirmation

I.

1. Warum nennen wir uns Christen? — Evangelische? — Protestanten? — Lutheraner? — Welche von diesen Benennungen die schicklichste sey? — Ob es Luther gebilligt habe, daß sich die Evangelischen Lutheraner genannt? — Warum nicht? — 1. Cor. 1, 10—13.

2. Hauptlehren des Christenthums nach Anleitung der Taufformel, auf welche wir verpflichtet worden sind.

a) Gott — Vater — Daseyn Gottes — Warum Vater? Rücksicht auf die Meinung der Juden und Heiden von Gott und Gottheiten.

b) Sohn. 2. Art. des Glaubens im Katechismus, Lehrer, Versöhner. Erklärung der Stellen: 1. Joh. 4, v. 10. 2. Cor. 5, v. 18—21. Herr und Oberhaupt, nach dem Lehrbuch.

c) Geist Gottes. Heiliger Geist. 3. Artikel. Anfang der Auslegung Luthers.

II.

1. Glauben sollen wir an Vater, Sohn und heiligen Geist. Was das heißt? — An Christum glauben, bisweilen: sich zu seiner Lehre bekennen, Röm. 1, 3. Gläubigen i. e. Christen; bisweilen: glauben, daß Gott Sünde vergiebt. Röm. 3, 28 erklärt.

2. Kennzeichen des ächten Glaubens. Gal. 5, 6. Kap. 6, 15. Auch gute Werke genannt. Jac. 2, 26. Liebe gegen Gott, den Nächsten. — Selbstpflichten.

3. Hinderniſſe der Tugend.

4. Hülfsmittel, wodurch wir dieſe Hinderniſſe beſiegen können; ſonderlich auch der Gebrauch des Abendmahls. Die Einſetzungsworte werden erklärt und die Stelle 1. Cor. 10, v. 16—21.

III.

Glaubensbekenntniß der Confirmanden.

Früh ſchon durch die Taufe zum Chriſtenthum geweiht, bekennen wir hier vor Gott und dieſen Zeugen: daß wir die Lehre Jeſu für göttliche Wahrheit halten, und verpflichten uns zu ihrer Annahme und Befolgung, als Mitglieder der chriſtlichen Gemeine.

Wir glauben an Gott, den allmächtigen Schöpfer, gütigen Erhalter und weiſen Regierer der ganzen Welt und unſrer Schickſale; wir geloben heilig: ihn als unſern Vater mit Ehrfurcht und Gehorſam, mit Liebe und Vertrauen durch unſer ganzes Leben zu verehren.

Wir glauben an Jeſum Chriſtum, Gottes Sohn, unſern göttlichen Lehrer, Vorgänger, Erlöſer und Herrn, der uns von Irrthum zur Wahrheit, von Unwiſſenheit zur Erkenntniß, von Sünden und Laſtern zur Tugend und Frömmigkeit geführet, und ſein Leben ſelbſt für uns aufgeopfert hat, der, nachdem er wieder auferſtanden iſt, als Herr und Oberhaupt ſeiner Verehrer im Himmel lebt und herrſcht. Wir geloben heilig: ſeiner Lehre treu zu bleiben, ſein Beiſpiel nachzuahmen, ſeine Vorſchriften zu befolgen, und durch Glauben und Frömmigkeit, uns der Gnade Gottes und der Seeligkeiten, die er uns erworben und verſichert hat, immer würdiger zu machen.

Wir glauben an den heiligen Geist, durch den uns Gott leitet, in unsrer Schwachheit unterstützt, und im Kampfe gegen die Sünde stärkt: unter seinem Bey-stande mit unwandelbarer Treue und fester Beharr-lichkeit die Bahn des Glaubens und der Tugend bis an unser Ende zu wandeln.

Wir glauben ein ewiges Leben nach dem Tode, und eine gerechte Vergeltung des Guten und Bösen. Eingedenk der Rechenschaft und des Gerichts, das uns erwartet, wollen wir stets als Christen gewissenhaft in unserm Berufe, liebevoll gegen unsre Nebenmenschen, mäßig im Genusse unsrer Freuden, geduldig in unsern Leiden seyn, wollen stets als Christen denken und handeln, leben und einst sterben.

Du hast es gehört, du hast es gehört, dieses heilige Gelübde, Allwissender! Du bist Zeuge des feyer-lichen Eides, den wir hier vor deinem Angesichte schwören. Hilf, daß wir seiner nie vergessen, laß uns desselben in der Stunde der Versuchung gedenken, daß wir standhaft kämpfen und glücklich siegen — damit wir dir, unserm Vater, Jesu, unserm Erlöser und Herrn und der Religion, zu der wir uns bekennen, treu bleiben bis in den Tod, Amen, dazu verhilf uns Gott! Amen!

Am Entlassungstage
am 3. Osterfeyertage 1801.

Vor der Katechese: (H. M. Dolz).

Lied 421. Du welcher Weisheit 2c.

Nach derselben:

„ 429, v. 3. Gott segne, die 2c.

Nach der Rede der Steinmetzin:

„ 419, v. 4. Gott, Schöpfer, Vater 2c.

Nach der Rede der Brummin:

„ 436. Aus dem lieben Kreise 2c.

Nach dem Gebete (H. M. Döring).

„ 432. Dankt, Kinder, daß 2c.

————

Leipzig, den 11. April 1802.

Heute, als am Sonntage Palmarum, ist wie gewöhnlich in der Freyschule, die öffentliche Catechisation
und Confirmation der daselbst aufgenommenen Kinder,
nebst 12 Mädchen und 3 Knaben aus der Schule des
Arbeitshauses für freywillige, in Gegenwart einer
Menge Zuhörer geschehen und zwar von dem würdigen
Ephorus und Superintendent Herrn D. Rosenmüller,
nach dem hierneben beygehefteten Entwurf.

Ein jeder mußte, über die vortrefflichen und
richtigen Antworten der Kinder zufrieden, diese hey-
liche Handlung schätzen und mit völliger Zufriedenheit
verlassen. Gott segne ferner diese wohlthätige Anstalt
und beschütze sie gegen ihre — Feinde.

J. Hansen.

Bey der
dießjährigen Konfirmationsfeyer
in der Freyschule
am Sonntage Palmarum
1802.

Sanftes Praeludium.

Kurze Ankündigungsrede.

Vor der Prüfung.

Gesang: 198. Gelobet seyst du, Gott 2c.

Während der Prüfung.

Gesang: 169, v. 2. 3. In allem Volk ist der dem 2c.
Bey dem feyerlichen Versprechen der Kinder.
Gesang: 252, v. 1. Kinder denket ernstlich nach 2c.
(Die Versammlung.)
„   „   v. 2. Ja, als Christen wollen wir 2c.
(Die Kinder allein.)

Nach der Prüfung.

Gesang: 252, v. 6. 7. Laß uns unsrer Taufe Bund 2c.

Gebet und Wunsch.

Gesang: 249, v. 2. 4. Gott, wir verpflichten
uns aufs Neue.

Entwurf der Confirmations-Catechisation von Director Plato.

(Ostern 1802.)

I.

Wer ein wahrer Christ heißen will, muß an Christum glauben. Joh. 3, 16. Marc. 16, 16. Hebr. 11, 6. Act. 16, 31.

I. verschiedene Bedeutungen des Wortes glauben.

1. Annahme der gesammten, von uns erkannten christlichen Religionslehre. In den angeführten und vielen andern Stellen. Hierzu wird erfordert: a) Erkenntnis. b) Überzeugung von ihrer Gewißheit aus Gründen. Gegenstände dieses Glaubens: Lehren, Verheißung, Drohungen, Gebote. Geschichte Jesus.

2. Bisweilen wird vorzugsweise der Beifall, welchen man der Lehre von der Verheißung oder Vergebung der Sünden durch Christum giebt, so genannt. Röm. 3, 23—25. Er ist unter jenem allgemeinen Glauben mit begriffen.

II. Es giebt verschiedene Religionspartheyen, und jede rühmt sich, den wahren Glauben zu haben. Die vornehmsten dieser Partheyen werden genannt.

a) Lehren, worinnen sie alle mit einander übereinstimmen,

daß in der Bibel das Wort Gottes enthalten sey, daß Jesus Gottes Sohn, Vorsehung, Unsterblichkeit. Vergebung u. s. w., daß man einen tugendhaften Lebenswandel führen müße. Das Apostolische

Glaubensbekenntnis wird von allen Partheyen angenommen.

b) Einige Unterscheidungs-Lehren einiger Partheyen,

z. B. der Katholiken: Tradition, Brod-
verwandlung, Verehrung der Heiligen;
der Socinianer: Von dem Urheber dieser
Sekte und der Lehre von der Person Christi;
von der Dreyeinigkeit.
Wir nennen uns Protestanten, Evangelische, Lutherische. Warum?

II.

Wodurch können wir beweisen, daß wir den
wahren Glauben haben?

Matth. 7, 21. — Jac. 2, 26. — 1. Cor. 13, 1—3,
v. 13. Begriffe der christlichen Tugend und Frömmigkeit. Hülfsmittel der Tugend, (Gebrauch des göttlichen
Wortes; öffentliche Gottesverehrung. Gebet. Abendmahl.) —

Am dritten Osterfeyertage
Entlassungsfest.

Vor der Einleitungsrede (H. Direktor Plato).

434, 1—3.   Du warest unser 2c.
Vor der Katechisation (H. M. Dolz).

461, 7—12.   Laß deinen Segen 2c.
Nach derselben:

435, 2.   Du überall zugegen den 2c.
Nach der ersten Rede (Kleinertin).

249, 3.   O Gott wie manche 2c.
Nach der zweyten Rede (Ronnigerin).

429, 3.   Gott segne, die er uns 2c.
Nach dem Gebete (M. Döring).

427. 3.   Bey der freunde frommen 2c.

Den 20. April 1802.

Heute am 3. Osterfeyertage früh war in der freyschule die feyerliche Entlaßung aus der Schule,
der 34 freyschülerinnen und
32 freyschüler,

nachdem sie bey der am Palmsonntag gehaltenen
Confirmation erforderliche Beweise ächter Religions-
kenntniße an den Tag gelegt hatten.   H. Vicedirektor
Dolz hielt die Catechisation und hatte zum Text
die Worte aus dem heutigen Evangelio: „friede sey
mit Euch“, als der vorzüglichste Wunsch an abgehende
Schüler, und zwar

Friede mit Gott,
Friede in sich und mit sich selbst,
Friede mit andern Menschen.

Die sehr zahlreiche Versammlung war über die ganze heilige Handlung äußerst gerührt, und verließ gewiß mit aller Zufriedenheit, den Ort, wo schon so viele gute junge Christen gebildet worden sind. —

Die Brummin hielt die hier beigeheftete Abschieds-rede, und die Ronnigerin die zweyte Rede.

J. H. Hansen.

Abschiedsrede
1802.
Gehalten von der Jgfr. Brummin.

Heute vor einem Jahre, an demselben festlichen Tage, stand ich an eben dieser Stelle. Damahls wünschte ich abgehenden Mitschülern und Mitschülerinnen zu ihrer neuen Laufbahn Glück. Aber heute soll ich im Nahmen mehrerer Jugendfreundinnen und Freunde, welche heute mit mir zugleich die Schule verlaßen, von dieser mütterlichen Bildungsanstalt Abschied nehmen. — Wenn schon die Trennung von einem einzigen guten Menschen das Herz mit tiefer Rührung erfüllt, welche lebhafte Gefühle müßen dann nicht erst in dem Herzen entstehen, wenn man sich von vielen guten Menschen, von Wohlthätern, Lehrern und Jugendfreunden trennen soll? In diesem Zustande lebhafter Rührungen befinden wir uns heute. In diesem feyerlichen Augenblicke unsers Jugendlebens hebt sich unser Blick zu Dir, treuester Führer unsrer Jugend, ewigguter Vater. Mit Vater- liebe sorgtest Du für uns, ehe wir noch deiner denken konnten; an treuer Eltern und Lehrer Hand führtest Du uns durch die ersten Jahre unsrer Kindheit und durch so manche drohende Gefahr glücklich hindurch. Nimm sie mit väterlichem Wohlgefallen an, die Thräne des Dankes, welche dir heut unser Auge weint.

Wie könnten wir uns von dieser Bildungsanstalt trennen, ohne mit ehrfurchtsvollem Danke der weisen und menschenfreundlichen Veranstaltung zu gedenken, welche uns diese Schule gab? ohne uns mit tiefgefühlter Dankbarkeit an den verehrungswürdigsten ersten Reli- gionslehrer unsrer Vaterstadt zu erinnern, der uns und unsre Schule wie ein Vater liebt? Nur Wünsche, aber Wünsche des reinsten Herzens sind es, die wir für Sein

theures Wohl der Gottheit weihen können! — Nur
fromme Wünsche sind es, welche hier unser Herz für
die Väter dieser Stadt fühlt. O, daß ihre rastlose
Wirksamkeit ein schöner Seegen für die Nachwelt würde!
Unsern vorzüglichsten Dank verdienen Sie, verehrungswürdigster Herr Vorsteher dieser Schule. Mit wahrhaft väterlichem Sinne nahmen Sie sich unser und dieser
Schule an. Unvergeßlich soll unsern Herzen das Andenken an die Stunden seyn, da Sie uns durch Ihre
öftere Gegenwart zum neuen Fleiße ermunterten. Wer
war es anders als Sie, innigstgeschätzter Herr Vorsteher
und Sie verehrungswürdigster Herr Baumeister, durch
deren Unterstützung den Bedürfnißen einiger ganz
Armen unter uns, in deren Nahmen ich Ihnen heute
besonders danken soll, abgeholfen ward.

Ihr Andenken soll keine Zeit aus unsern Herzen
auslöschen! Der Anblick einer seegensreichen Erndte
Ihrer ausgestreuten Saaten verschönere den Abend
Ihres gemeinnützigen Lebens an der Hand Ihrer würdigen Frau Gemahlin bis in die entfernteste Zukunft!

Innig gerührt wende ich mich an Sie, verehrtester
Herr Direktor. Zu unserm Besten brachten Sie so
manches Opfer. Wir sind zu schwach, Ihre Verdienste
um uns zu vergelten. Aber das heilige Versprechen
legen wir an unserm Abschiedstage in Ihre Hand:
Lebenslang wollen wir die Eindrücke bewahren, welche
Ihre, mit so vieler Herzlichkeit uns ertheilten Lehren,
auf unsere jungen Gemüther machten. Wenn Gott
aufrichtige Wünsche dankbarer Kinder erhört, so muß
Ihre Freude und Ihr Lohn einst groß seyn! Mit diesem
Wunsche nehmen wir von Ihnen und von Ihrer würdigen Gattin, die uns ebenfalls so manchen Beweis
von liebevoller Gesinnung gab, Abschied.

Auch Ihnen, geliebteste Lehrer, weihen wir in

dieser feyerlichen Stunde die reinſten Dankgefühle unſres Herzens; ſie ſind das Einzige, was wir Ihnen für Ihre mühevolle Arbeiten geben können.   Gott laße auch in Zukunft Ihre Bemühungen mit Seegen begleitet ſeyn.

Herzlichen Dank Ihnen, verehrte Gönner und Wohlthäter dieſer Schule.   Wehmuth ergreift mein Herz bey den Blick auf euch, geliebte Mitſchüler und Mitſchülerinnen, von welchen wir uns heute trennen. Herzlichen Dank Euch Allen, für die Liebe und Freund- ſchaft, die Ihr gegen uns bewieſet.   Die Abſchieds- thräne hemmt den Lauf meiner Worte: Denkt auch in Zukunft mit Liebe und Freundſchaft an uns und lebt ſtets wohl!

Beilage III.

Lehrplan der Ratsfreischule.

A.

Der Unterricht in den beyden untern Claßen erstreckt sich auf die

1. Anfangsgründe im Lesen, welche sowohl an der sogen. Lesetafel, als nach Plato's Vorübungen vorgenommen werden. Hiermit werden

2. die ersten Denkübungen verbunden, wozu Buchstaben, Sylben und Wörter dem denkenden Lehrer Stoff genug geben.

3. Gedächtnißübungen werden ebenfalls in dieser Claße schon angestellt, wozu kleine Sätze aus den Vorübungen, leichte Liederverse, wie sie in dem gehörigen Orts bemerkten Spruchbuche enthalten sind, benutzt worden. Auch

4. die ersten Versuche im Schreiben und

5. Rechnen werden schon in dieser Claße vorgenommen, sowie

6. den Schülern und Schülerinnen dieser Claße auch die moralischen und religiösen Begriffe beygebracht werden, zu welchem Zweck die Vorübungen von S. 48, das Spruchbuch und Rosenmüllers erster Unterricht benutzt werden.

B.

In den beyden **mittlern Claßen** kommen zu den fortgesetzten Lese-, Denk- und Gedächtniß-Uibungen noch:

1. Erklärung des Katechismus, und

2. Vorbereitung zur Bibel, durch Lesung und Erklärung der in dem empfehlenswerthen, von D. Nösselt veranstalteten Katechismus, als Anhang aufgenommenen Auswahl biblischer Aussprüche über die christliche Glaubens- und Pflichtenlehre.

Durch die bessern Holzschnitte dieses in der frey-schule eingeführten Katechismus, welcher 1 Gr. kostet, sind auch zugleich die der Sittlichkeit so nachtheiligen Bilder des gewöhnlichen, in den vaterländischen Schulen noch graßirenden kleinen Katechismus verdrängt.

3. Ein vollständiger Religionsunterricht nach Rosenmüllers erstem Unterricht, mit Rücksicht auf den Lutherischen Katechismus und die darin enthaltenen Bibelsprüche, oder nach dem Unterricht in der christ-lichen Lehre 2c. Oldenburg;

4. Religionsgeschichte nach Rosenmüllers Reli-gionsgeschichte;

5. Gesundheitslehre;

6. das Wißenswürdigste aus der Naturkunde nach Thieme's Sächsischem Kinderfreunde, welcher zu-gleich, wie Rochow's Kinderfreund, Ludwig's Bürger-freund, David Klaus, und in den Mädchenclaßen be-sonders der Mädchenspiegel

7. zu Uibungen im Richtig- und Schön-Lesen benutzt wird;

8. Schreibe- und

9. Rechen-Uibungen in Gedanken und an der Tafel.

C.

Lehrgegenstände in den beyden obern Claßen sind:

1. Erklärung der heiligen Schrift Alten und Neuen Testaments, wobey aller, der Achtung für die Bibel so nachtheilige Mechanismus sorgfältig verhütet wird. Wer je Gelegenheit nahm, solchen Unterrichtsstunden in der Freyschule beyzuwohnen, in welchen die Schüler Rechenschaft von ihrer Bibelkenntniß durch Erklärungen biblischer Stellen geben müßen (und wir berufen uns hier auf Se. Hochwürden den Herrn Superintendent Rosenmüller, welcher nicht selten seine Freude darüber bezeigt hat), der wird die Rathsfreyschule von dem Vorwurfe freysprechen, als wenn ihre Zöglinge die Bibel entweder gar nicht kennen, oder sie doch nicht wohl gebrauchen lernten. Uibrigens gestehen wir gern, daß wir nicht nach der Weise so vieler unverständiger, mechanischer Lehrer, dieses Buch zur Syllabirfibel herab-würdigen, oder es mit Unwürdigen ohne Auswahl, kalendermäßig zu lesen pflegen.

2. Erklärung des Lutherischen Katechismus;

3. Christliche Glaubens- und Pflichten-Lehre nach dem Rosenmüllerischen christlichen Lehrbuch;

4. Religionsgeschichte nach deßelben Religions-geschichte, mit einigen Zusätzen über die Religion der Heiden;

5. Naturlehre und
6. Naturbeschreibung } nach Nicolai und Schlez;

7. Lehre vom Menschen und Gesundheitslehre;

8. Allgemeine Weltgeschichte nach Dolz Leitfaden, 1. Ausg.

9. Vaterländische Geschichte nach deßen Leitfaden, mit welchen beyden Wißenschaften von Halbjahr zu Halbjahr gewechselt wird;

10. Erdbeschreibung,

11. Landesgesetze,

12. Schreiben,

   a) Schönschreiben,

   b) orthographische Uibungen,

   c) Aufsätze über Gegenstände des bürgerlichen Lebens;

13., Rechnen,

    a) in Gedanken,

    b) an der Tafel;

14. Uibungen im Schönlesen, wozu das Gesang-buch, Thieme's Sächsischer Kinderfreund, David Klaus und Erzählungen und Lieder, benutzt werden.

In der ersten Mädchenclaße fallen von diesen Lehrgegenständen 8. 9. 10. und 11. weg, und es wird in einer Stunde unter dem Titel:

    über die Erde und ihre Bewohner, verbunden
    mit Vaterlandskunde,

nur das Wichtigste davon den Mädchen bekannt gemacht.

Wie diese Lehrgegenstände in diesem halben Jahre vertheilt sind, zeigt der beygelegte Stundenplan von diesem halben Jahre. In der Hauptsache bleibt sich der Lectionsplan zwar immer gleich; aber zur Verhütung des, Lehrern und Schülern so nachtheiligen Mechanismus, muß derselbe, wie jeder praktische Schulmann ohne unser Erinnern von selbst einsieht, alle halbe Jahre von dem Director, nach den individuellen Umständen jeder Claße abgeändert, und den Bedürfnißen der Schüler, in Hinsicht auf Materie und Form, dadurch angepaßt werden, daß für den einen Lehrgegenstand wöchentlich eine Stunde mehr, für den andern dagegen eine weniger bestimmt wird. Dieser Plan wird allemal in einem besondern Convente von sämtlichen Lehrern, 8 Tage vorher, ehe die Lektionen ihren

Anfang nehmen, übernommen, durchgegangen und von jedem derselben sodann 14 Tage nachher ein besonderer schriftlicher Plan über die von ihm übernommenen Stunden, in Hinsicht der Materie, der Ausführung und Methode, welche er dabey anzuwenden gedenkt, zum Schul-Archiv eingereicht. Es sey uns erlaubt, die Plane einiger Lehrer, welche im vorigen halben Jahre das praktische Lesen der Bibel und des Katechismus Luthers fruchtbar zu erklären übernommen hatten, beyzulegen.

Beilage IV.

Verzeichniß

sämtlicher Bücher, welche in E. E. Raths-freyschule theils als Lehr- theils als Lesebücher
gebraucht werden.

Schon in dem Plane, welchen 1793 der Herr
Domherr Dr. Rosenmüller seiner Anweisung zum Katechisiren anhängen, und welchen der Herr Oberkon-
sistorialrath Zerrenner in seinem Deutschen Schulfreund
einrücken ließ, sind die mehrsten der hier eingeführten
Lehr- und Lesebücher, welche damals als die besten an-
erkannt wurden, genau angegeben worden.

1. Die Bibel oder die ganze H. S. d. A. u. N.
T. nach der deutschen Übersetzung D. M. Luthers.
5. Auflage. Halle, in der Cansteinischen Bibelanstalt
1796.

2. Dr. M. Luther's kleiner Katechismus mit einer
Einleitung und einem Anhange. II. vermehrte und
verbesserte Auflage. Halle, bei Fr. Aug. Grunert
d. ä. 1799.

3. Christliches Lehrbuch für die Jugend von Dr.
Joh. Georg Rosenmüller. 5. Ausgabe. Leipzig, bei
Göschen 179(?) (für die oberen Claßen).

4. Unterricht in der christlichen Lehre mit Hin-
weisung auf Luthers kleinen Katechismus. Oldenburg,
bei Gerh. Stalling, 1798 (für die mittleren Claßen).

5. Erster Unterricht in der Religion für Kinder von D. J. G. Rosenmüller. 5. Auflage. Hildburg-hausen bei Joh. Gottfried Hanisch 1791.

6. Religionsgeschichte für Kinder von Dr. J. G. Rosenmüller. 6. Ausgabe. Hildburghausen 1791.
(Für die kleineren Claßen).

7. Spruchbuch für Kinder als erste Grundlage einer vernünftigen Religionskenntniß, zum Gebrauch für Stadt- und Landschulen. Oschatz bei Oldecop. 1795.

8. Vorbereitung zum Unterrichte in der Religion nach Anleitung der Züricher fragen an Kinder. 2. Auflage. Heidelberg bei F. L. Pfähler, 1795.
(Für die erste Abtheilung der kleinern Claßen).

9. Erster Religionsunterricht für die Schulen pro-testantischer Confessionsverwandter in den k. k. deut-schen Erbländern von G. C. Schmidt. Wien 1796. (Zur halbjährigen Abwechselung mit dem Rosenmüller-schen Ersten Unterrichte in den kleinen Claßen).

10. Auswahl biblischer Erzählungen für die erste Jugend von J. Ph. C. Henke. Leipzig bei Crusius, 1794.

11. Christliche Religionsgesänge für Bürgerschulen. Zunächst für die Freyschule in Leipzig. 3. unveränderte Auflage, 1798. Leipzig bei J. Ambr. Barth.

12. Vorübungen für Anfänger im Lesen und Denken, gesammelt für die untern Claßen der Leip-ziger Freyschule. 1. Abtheilung. Leipzig bei Barth 1798.

13. Erste Nahrung für den gesunden Menschen-verstand von M. K. C. Thieme. 4. Aufl. Leipzig bei Crusius 1799.

14. Gutmann oder der Sächsische Kinderfreund. Ein Lesebuch für Bürger- und Landschulen von M. K. C. Thieme. 2 Theile. Leipzig bei Crusius 1797.

15. Geschichten und Gespräche für Kinder zur Beförderung guter Sitten, nützlicher Erkenntniß und ächter Gesinnungen von S. Ludewig. Berlin und Frankfurt a. d. O. bei Kunze 1788.

16. Der Bürgerfreund. Ein Lesebuch für Kinder in Bürgerschulen von Sam. Ludewig. Berlin bei Haude und Spener 1790.

17. David Klaus. Ein Sittenbild für gute Leute in allen Ständen von J. W. Streithorst. 2. Auflage. Halberstadt bei Groß d. J. 1798.

18. Der Mädchenspiegel oder Lesebuch für Töchter in Land- und Stadtschulen von J. G. Reinhardt. 3. Ausgabe. Halle bei Gebauer 1799.

19. Lehren der Weisheit und Tugend in auserlesenen Fabeln, Erzählungen und Liedern. Ein Buch für die Jugend von Fr. Ludwig Wagner. Leipzig, bei Geo. Fleischer d. J. 1799.
(Zum Gebrauch in den besondern Lesestunden).

20. Lieder, Erzählungen und Fabeln für Kinder, zur Übung im Lesen und Deklamiren.
(Wird ebenfalls in den besondern Lehrstunden benutzt).

21. Denksprüche, als Denk- und Gedächtniß- übungen für die obern Claßen in Bürgerschulen von Dolz. Leipzig bei Barth 1800.
(Wird zur Übung im Lesen und Denken gebraucht).

22. Leitfaden beym Unterrichte in der Natur- geschichte von J. F. Schlez. Nürnberg 1797.
(Für die Mädchen).

23. Unterweisung in gemeinnützigen Kenntnissen der Naturkunde zum ersten Unterrichte der Jugend, von J. Chr. W. Nikolai. 4. Auflage. Halle in der Buchhandlung des Waisenhauses 1799.

24. Leitfaden zum Unterrichte in der allgemeinen Menschengeschichte für Bürgerschulen von Dolz. Leipzig bei Barth 1799.

25. Leitfaden zum Unterrichte in der Sächsischen Geschichte für Bürgerschulen von Dolz. Leipzig bei Barth 1799.

26. Handbuch der Erdbeschreibung der Kursächsischen Lande von K. A. Engelhardt. Dresden beim Verfasser 1801.

Beilage V.

M. Pohle's Plan über das Bibellesen.

Mein unmaßgeblicher Plan, welchen ich bey Lesung der Bibel mit der obern Claße der Raths-Freyschüler in diesem halben Schuljahre von 22 Wochen, wöchentlich 4 Stunden, zu beobachten gedenke.

Einleitung.

Über Entstehung, Zweck, Eintheilung und vernünftigen Gebrauch dieses Buches.

1. Ob sich gleich der Mensch durch Nachdenken zu dem Glauben an Gott erheben kann, so geschiehet dieses doch, laut der Geschichte, oft sehr langsam, oft auch nicht ohne große Verirrungen, und selten so, daß er sich dabey völlig beruhigen könnte. — Auch waren die Kräfte des Menschen nicht zu allen Zeiten hinreichend, eine richtige und vollständige Erkenntniß von Gott, seiner Verehrung und von ihren Pflichten blos durch ihre Vernunft zu erlangen. Besonders in den frühesten Zeiten des menschlichen Geschlechts, da die Menschen noch, wie Kinder, von schwachen Einsichten waren, konnten sie nicht leicht durch ihr eigenes Nachdenken allein zur richtigen Erkenntniß aller dieser wichtigen Wahrheiten gelangen.

2. Gott hat daher zu allen Zeiten außerordentliche Männer erweckt, welchen er die dazu gehörigen Einsichten, Veranlaßungen und Aufforde-

rungen gab, daß sie diese Wahrheiten — da es ihnen in ihrer Lage unmöglich war, ohne eine besondere Fürsorge und Theilnahme Gottes (Eingebung) soviel zu leisten — durch einen besondern Beystand Gottes kennen lernten, und sie den Menschen, unter denen sie lebten, wieder bekannt machten. Sie redeten als Ge= sandte Gottes, und wurden auch dafür angenommen, weil ihre Lehren, die sie vortrugen, sogleich als sehr vernünftige, den Bedürfnißen des Geistes und Herzens angemeßene Lehren erkannt wurden. Von diesen Lehren suchten sie auch immer sogleich die Anwendung auf die Verbeßerung der Sitten, die Beförderung einer reinen Tugend und rechte Verehrung des einzigen wahren Gottes zu machen, und waren in ihren Be= mühungen, bey den vielen und großen Schwierigkeiten, die sie zu überwinden hatten, dennoch sehr glücklich; die Menschen konnten nun diesen Wahrheiten weiter nachdenken, und ihre Erkenntniß in der Religion immer mehr erweitern und verbeßern, bis hernach wieder andere Männer kamen, die durch einen nähern Unter= richt sie wieder einen Schritt weiter brachten.

3. Durch diesen außerordentlichen Unterricht Gottes konnte Religion und Tugend schneller ver= breitet werden, als es außerdem geschehen seyn würde. Diesen von jenen erleuchteten Männern niedergeschrie= benen Unterricht nennt man mit Recht göttliche Lehre (Wort Gottes) und die ganze Anstalt der Bibel selbst göttliche Offenbarung; die Erkenntniß, die dadurch erlangt wird, geoffenbarte Erkenntniß, die Religion geoffenbarte Religion, und die Lehre derselben geoffenbarte Lehre.

4. Dieß geschah, auf eine sehr weise Art, nicht auf einmal, sondern nach und nach, wie die Menschen damals diese Wahrheiten faßen konnten. Deswegen

war der erste Unterricht sehr unvollständig, wurde aber hernach, je mehr die Menschen zu mehrern Einsichten und zu einem reifern Verstande gelangten, immer voll- kommener.

5. Anfangs wurden diese geoffenbarten Lehren nur durch mündlichen Unterricht von den Aeltern auf die Kinder fortgepflanzt. Da die Menschen aber her- nach sich sehr vermehrt hatten, würden diese Lehren leicht sehr verfälscht worden sein; man fing deswegen nach und nach an, sie ordentlich aufzuschreiben. Dieses geschahe zu verschiedenen Zeiten, und alle diese Schriften machen dasjenige Buch aus, welches wir die Bibel oder die heilige Schrift nennen.

6. Feste Bestimmung der Benennung dieser Schriften.

7. Nähere Kenntniß der einzelnen Bücher des A. u. N. Testaments. — Ihre Aufeinanderfolge. — Hauptinhalt der einzelnen Schriften. — Für wen zu- nächst das A. T., für wen das N. T. bestimmt wurde? Welches für uns einen höhern und vorzüglichern Werth habe? — Welchen Werth aber auch noch das A. T. für uns haben müße?

8. Alle diese einzelnen Schriften zusammenge- nommen enthalten einen sehr vollständigen und deut- lichen Unterricht von der christlichen Religions- und Pflichten-Lehre.

Es ist also die Bibel ein in aller Hinsicht vor- treffliches und schätzenswerthes Buch. Denn kein Buch hat dem menschlichen Geschlechte so große Dienste ge- leistet, und seine Kultur und Ausbildung so glücklich befördert. Sie hat da, wo sie bekannt wurde, den Götzendienst gestürzt; sie hat die Hoffnung der Un- sterblichkeit geweckt und gestärkt, und als einen frucht- baren Saamen überall ausgestreut, mit Gedanken, die über das Sinnliche hinausgehen, und mit zutraulichen erfreuenden Empfindungen die Gemüther zur Gottheit erhoben. — Sie hat die Grundsätze der moralischen Vollkommenheit der allgemeinen Menschheit vorgehalten, hat durch die eigenthümlichen Reize der sittlichen Tugenden die Aufmerksamkeit und das Nachdenken der Menschen angelocket. Kurz, sie hat die Menschen, die sie benutzten und zweckmäßig gebrauchen konnten, menschlicher, gesitteter, tugendhafter und ruhiger gemacht.

9. Schon diese Wirkungen müßen jeden gutgesinnten Menschen mit Achtung gegen dieses Buch erfüllen.

10. Wie sollen und müßen wir sie gewißenhaft und zweckmäßig gebrauchen?

Hier werde ich eine allgemeine Anleitung geben, wie Christen dieses Buch lesen sollen und müßen, nach H. D. Rosenmüllers Anleitung zum Bibellesen 2c.

11. In diesem halben Jahre werde ich, nachdem ich vorher

a) die Bergrede Jesu erläutert habe,

b) die gesamten Gleichnißreden Jesu,

c) die vorzüglichsten sogen. Beweissprüche, welche in einer guten Ordnung die Glaubenswahrheiten, und sodann die allgemeinen und besondern Pflichten der Christen enthalten, mit Rücksicht auf D. Rosenmüllers Lehrbuch, und ähnliche Aussprüche aus dem A. T. erklären, und in einer besondern Stunde, mit Auswahl die praktischen Stellen aus den Paulinischen Briefen mit den Schülern lesen.

M. Johann August Wilhelm Pohle.

Beilage VI.

Plan über den Lutherſchen Katechismus von Michaelis 1800 bis Oſtern 1801 von M. Dolz.

Da ich im vorigen Jahre den Katechismus, mit gänzlicher Beybehaltung der in dem Buche ſelbſt ſtatt findenden Ordnung, nur nach dem Wortver‑ ſtande, im vorigen Schul‑Halbjahre aber ſo erklärt habe, daß ich

1. die Pflichtenlehre nach den Geboten,
2. die Glaubenslehre nach den Artikeln,
3. die Hülfsmittel zur Frömmigkeit
   a) nach den Bitten und
   b) nach den beyden Abſchnitten von der Taufe und Abendmahl (letztere jedoch ganz kurz)

durchging: ſo habe ich mir für dieſes Schul‑Halbjahr, um Einförmigkeit und Mechanismus zu vermeiden, folgenden Gang vorgenommen:

Nachdem ich in einer vorauszuſchickenden Ein‑ leitung über

1. Namen dieſes Buches,
2. Entſtehung und Zweck deſſelben,
3. Inhalt,
4. Quellen, woraus er geſchöpft iſt,

5. Werth deſſelben, ſowohl

  a) für das Zeitalter, in welchem er entſtand, als auch noch

  b) für unſer Zeitalter,

das Nöthige beygebracht habe, ſo ſoll nun die Er-läuterung des Katechismus ſelbſt nach folgender Ord-nung vorgenommen werden:

A. Glaubenslehren des Christenthums.

Hierbey die nöthigen Erklärungen

  a) vom Glauben überhaupt,

  b) Religionsglauben insbeſondere,

  c) chriſtlichen Religionsglauben, begründet durch Vernunft und Offenbarung (Be-griff eines Geheimniſſes).

A. Vom Glauben an Gott, als Vater, Sohn und heiligen Geiſt überhaupt.

I. Von Gott dem Vater, (erſter Artikel).

1. Begriff von Gott überhaupt, nebſt Gründen für ſein Daſeyn aus Vernunft und Schrift.

  a) nähere Angabe ſeiner Eigenſchaften,

  b) ſeiner Verhältniſſe zur Welt,

  α, Schöpfer

  א der Welt überhaupt, (Himmels und der Erden) wobey von dem Umfange und der zweckmäßigen Einrichtung der Welt-körper das Nöthige erinnert wird;

  ב, der Menſchen insbeſondere,

  a) deſſen körperliche, (mir Leib, Augen, Ohren 2c.)

  b) geiſtige Vorzüge (Seele, Vernunft 2c.)

13*

β, Erhalter

   א, der Welt überhaupt,

   ב, der Menschen inbesondere,
durch Vorsorge für ihre Bedürfnisse.

   aa, Angabe derselben,

      aaa, Nahrung,

      bbb, Kleidung,

      ccc, Wohnung,

      ddd, Beglückung durch Familienverbindung. (Hier nur von der zwischen den Aeltern und Kindern, und die daraus entspringenden Vortheile),

   bb, Art der Befriedigung,

      aaa, reichlich,

      bbb, täglich.

γ, Regierer

   א, der Welt überhaupt,

   ב, der Menschen insbesondere;

   a) insbesondere durch Schutz in Gefahren. (Hierbey auch vom Werthe der Erziehung, als wodurch wir in den Stand gesetzt werden, uns vor mancherley Gefahren zu bewahren).

2. Folgerungen aus der erläuterten Wahrheit:

   a) Schöpfung, Erhaltung und Regierung verpflichten uns, als unverdiente Wohlthaten, als Geschenke der väterlichen Güte oder Gnade Gottes, zum Danke;

   b) wodurch wir diesen Dank zu erkennen geben sollen,

   α, Lob Gottes, Anerkennung seiner erhabenen Eigenschaften und seiner Wohlthaten,

β, Anwendung derselben durch ein gott-
gefälliges Verhalten (ihm zu dienen, gehorsam seyn 2c.)

II. Von Jesu, dem eingebornen Sohne
Gottes (zweyter Artikel).

1. Person Jesu,

   a) göttliche und menschliche Natur war bey
     ihm verbunden; daher Gottes eingeborner
     Sohn (Luthers Erklärung: wahrer Gott
     vom Vater 2c.) wahrer Mensch.

   b) verschiedene Benennungen und Ehrennamen
     (Herr).

2. Lebensgeschichte; Schicksale und Thaten Jesu
   (Wunder);

   a) seine wundervolle Geburth,

   b) Etwas von seiner Jugendgeschichte,

   c) Leiden und Tod (Beweise für die Gewiß-
     heit seines Todes),

   d) Begräbniß,

   e) Auferstehung (Gründe dafür),

   f) Erhebung zum Himmel, oder Trennung von
     der Erde.

3. Jesu Verdienste um die Menschheit:

   a) Erlösung von Unwißenheit, Aberglaube,
     Sünde und Elend (Schilderung des trau-
     rigen Zustandes der Menschen vor der
     Sendung Jesu)

   α, durch seine Lehre,

   β, Beyspiel,

   γ, Tod (Versöhnung, Vergebung der Sünden,
     Rechtfertigung).

4. Erhöhung Jesu,
  a) Mitregierung mit Gott,
  b) Weltgericht.

5. Verbindlichkeiten für die Erlösten; thätiger Glaube, der sich durch christliches Leben zeigt.

6. Wohlthätigkeit dieses Glaubens überhaupt.

III. Vom heiligen Geiste. (Dritter Artikel).

1. Erklärung der verschiedenen Bedeutungen dieses Wortes in der Bibel,

2. Werk des heiligen Geistes,
  a) Berufung zum Christenthum,
  b) Erleuchtung und dadurch bewirkte Möglichkeit an Jesum zu glauben,
    α, Erklärung
      א, sowohl was der Glaube an Jesum in sich schließe,
      ב, als was unter der Erleuchtung des heiligen Geistes zu verstehen sey,
    β, Beweis,
  c) Heiligung (Beßerung, Veredlung)
    α, Mittel, deren er sich dazu bedient (Gnadenmittel, Tugendmittel):
      א, Göttliche Lehre (Wort Gottes),
      ב, Erziehung und Unterricht,
      ג, alle Ereigniße des Lebens,
        a) angenehme sowohl als
        b) unangenehme.
    β, Welchen Gebrauch wir davon zu machen haben, wenn unsere Heiligung dabey gewinnen soll.
  d) Erhaltung in
    α, dem rechten Glauben,

β, Glaubenseinigkeit. (Worin sie besteht; christliche Kirche; Gemeine der Heiligen).

e) Sündenvergebung (unter welcher Bedingung).

B. Vom Glauben an ein ewiges Leben,

I. Unsterblichkeit der Seele,

II. Auferstehung von den Toten (nach des Apostels Paulus Vorstellung).

a) Gründe für diese Wahrheit

α, aus der Vernunft und dem Gewißen,

β, der Schrift,

b) Folgerungen daraus.

B. Pflichtenlehre nach den Geboten.

A. Pflichten gegen Gott (1.—3. Gebot).

I. Verehrung des einigen Gottes,

1. Innere (1stes Gebot)

a) durch Ehrfurcht,

α, Begriff,

β, Kennzeichen wahrer Ehrfurcht,

γ, Äußerungen,

δ, Mittel dazu,

b) Liebe,

α, Begriff, β 2c.

c) Vertrauen,

α, Begriff, β 2c.

2. Äußere (2tes, 3tes Gebot)

a) Nichtentweihung des göttlichen Namens.

α, Fluchen,

β, Schwören (von verschiedenen Arten des Eides; Meineid; Schwören im gemeinen Leben).

γ, abergläubischer Misbrauch des göttlichen Namens,

δ, Lüge.

b) Schuldige Ehrerbietung in Ansehung des göttlichen Namens zeigt sich

α, durch Gebet überhaupt,

β, in allen Angelegenheiten,

γ, als Ermunterung zur Tugend,

ך, Lob,

ר, Dank.

(Hierher die Bitten, als Anleitung zum Gebete, nach einem etwas erweiterten Plane, als der vorige war.)

B. **Pflichten gegen uns selbst und Andere,**

I. Besondere: Der Kinder gegen Aeltern (nach dem 4ten Gebote).

II. Allgemeine,

1. In Ansehung des Lebens (5tes Gebot).

2. In Ansehung unsers und des Familienglücks Andrer (6tes Gebot).

a) Nichtstörung desselben,

b) Mittel dazu,

α, Reinheit der Gedanken,

β, Worte und

γ, Handlungen.

c) Beförderung deßelben durch gegenseitige herzliche Liebe.

3. In Ansehung des Eigenthums (7tes, 9tes, 10tes Gebot),

4. In Ansehung der Ehre (8tes Gebot).

III. Folgen der Pflichterfüllung und Pflichtübertretung (nach dem Beschluß der Gebote).

C. Hülfsmittel
zum christlichen Glauben und zur christlichen Frömmigkeit:

A. Andenken an die Taufe. (Hierbey von der Sünde und sogenannten Erbsünde, Wiedergeburt.)

B. Feyer des Abendmahls.

Jedes erklärte Stück wird in einer dem Genius unserer Sprache angemeßenen Art des Ausdrucks umschrieben, — etwa auf folgende Weise:

Zweyter Artikel.

Ich bin aus Gründen der Vernunft und heiligen Schrift überzeugt, daß Jesus Christus in einem so innigen Verhältniße mit der Gottheit stand, daß er sich mit Recht den eingebornen Sohn Gottes nennen konnte, daß er als Oberhaupt der Christen zu verehren sey, daß er sein Daseyn als ein Mensch durch besondere Wirkung des göttlichen Geistes erhielt. 2c.

Erklärung.

Ich bin aus Gründen überzeugt, daß Jesus nicht nur nach seiner göttlichen Natur göttlichen Ursprungs, sondern auch als wahrer Mensch Marias Sohn war. Ich erkenne meine Verpflichtung, ihn auch für mein Oberhaupt anzusehen; denn ohne ihn würde ich ganz unglückseelig geworden seyn; aber durch ihn bin ich von Unwißenheit, Aberglaube, Sünde und Elend erlöset; er hat mich einer fremden Gewalt, der Macht der Unwißenheit, des Aberglaubens, der Sünde, der Unglückseeligkeit — die als Reich des Teufels gedacht werden — entrißen, und mich sowohl davon als von der Furcht vor dem Tode befreyet. Diese Befreyung

(Erlösung) hat er aber nicht etwa durch Aufopferung irdischer Güter, sondern durch Hingabe seines unschuldigen und für die Menschheit so wohlthätigen Lebens bewirkt, damit ich als sein Eigenthum, als ein von ihm Erlöster, keiner fremden Macht huldigen, sondern als ein würdiges Mitglied seines Reichs, fromm, unschuldig, und hier und dort seelig leben möchte, ihm ähnlich, der vom Tode erstand, lebt und mit Gott herrschet. Dieß alles ist für den Christen unbezweifelt wahr und gewiß.

Dolz.

Beilage VII.

Über die Gehaltsverhältnisse der Lehrer an der Ratsfreischule im Jahre 1801 erhalten wir aus J. H. Hansens Privatakten folgende Aufklärung:

„Jährliche Ausgabe bey der Freyschule."

A. Besoldung.

30 Rthl. — Gr. — Pf.	pro Administratione,
575 „ — „ — „	dem H. Director Plato, als
	500 Rthl. — Gr. — Pf. Besoldung und
	75 Rthl. — Gr. — Pf. Besoldungszulage.
300 „ — „ — „	dem Vicedirector H. M. Dolz.
195 „ — „ — „	dem Lehrer H. M. Joh. Aug. Wilhelm Pohle, wöchentlich 3 Rthl. 18 Gr.
195 „ — „ — „	dem Lehrer H. Christ. Friedr. Scharschmied, wöchentl. 3 Rthl. 18 Gr.
164 „ 16 „ — „	dem Lehrer H. M. Joh. Friedr. Wilh. Döring, wöchentl. 3 Rthl. 4 Gr.
112 „ 16 „ — „	dem Lehrer H. Joh. Sam. Gottlob Horn, wöchentl. 2 Rthl. 4 Gr.
112 „ 16 „ — „	H. Carl Wilh. Richter, wöchentlich 2 Rthl. 4 Gr.
1685 „ — „ — „	Sa.

1685 Rthl. — Gr. — Pf. Uebertrag.

112 „ 16 „ — „ H. Joh. Christ. Köhler, wöchentlich 2 Rthl. 4 Gr.

112 „ 16 „ — „ H. Gottl. Leber. Schultze, wöchentlich 2 Rthl. 4 Gr.

99 „ 16 „ — „ H. Blütchen, wöch. 1 Rthl. 22 Gr.

99 „ 16 „ — „ H. Jaehne, wöch. 1 Rthl. 22 Gr.

2109 „ 16 „ — „ Sa.

B. Holtzgeld.

18 Rthl. — Gr. — Pf. Herrn M. Pohle

18 „ — „ — „ „ Schaarschmied

18 „ — „ — „ „ M. Döring

16 „ — „ — „ „ Köhler

15 „ 8 „ — „ „ Horn

15 „ 8 „ — „ „ Richter

15 „ 8 „ — „ „ Schultze

15 „ 8 „ — „ „ Blüthgen

15 „ 8 „ — „ „ Jähne nunc Hübner.

146 „ 16 „ — „ Sa.

3. Naetherinnen.

95 Rthl. 8 Gr. — Pf. der Frau Kirchhübeln, wöchentlich 1 Rthl. 20 Gr.

13 „ 8 „ — „ derselben Holtzgeld

43 „ 8 „ — „ der Jgfr. Brendelin

6 „ 16 „ — „ derselben Holtzgeld.

158 „ 16 „ — „ Sa.

4. Ferner.

72 Rthl. 12 Gr. — Pf. dem Herrn Director Plato, Magd- und Arbeitslohn, der Scheuer-Frau und Magd auf 1 Jahr.

72 „ 12 „ — „ Sa.

72 Rthl. 12 Gr. — Pf. Uebertrag.

20 „ — „ — „ demselben Materialien zur Reinigung der Säle und Stuben.

26 „ — „ — „ der Nätherin Frau Kirchhübeln Magdlohn 2c.

100 „ — „ — „ ohngefehre Reparatur des Schulgebäudes.

200 „ — „ — „ jährlich für Schulbücher.

150 „ — „ — „ dem Buchbinder für Ausbeßerung der alten und Einbinden neuer Bücher.

125 „ — „ — „ Schreibmaterialien in der Schule.

50 „ — „ — „ Materialien zur Nähschule.

12 „ — „ — „ Schoßschr. Rudolph für Revision der Rechnung.

5 „ — „ — „ für Stimmung des Positivs.

3 „ — „ — „ dem Calcanten.

25 „ — „ — „ jährl. zur Bekleidung einiger Catechumenen.

231 „ 12 „ — „ Insgemein.

1020 „ — „ — „ Summa.

Summarische Wiederhohlung.

1. 2109 Rthl. 16 Gr. — Pf.
2. 146 „ 16 „ — „
3. 158 „ 16 „ — „
4. 1020 „ — „ — „

3433 „ — „ — „ Sa.

Bemerkung. Eine besondere Gratifikation von 300 Thlr. erhielt das Collegium der Freischule, jedoch mit Ausschluß des Direktors und Vicedirektors, wegen anhaltender Teuerung, im November 1801, die unter 12 Personen verteilt wurde.

Dieselbe Summe, „jedoch blos für diesmal und ohne einige Consequenz" bewilligte der Rat am 4. April 1803 und empfing davon Plato 40, Dolz 30, zehn Lehrer je 20 und zwei je 15 Thaler nach Hansens Bestimmung.

Beilage **VIII.**

Prüfung des Herrn Doctor Wolf mit den obern Klassen der freyschüler und freyschülerinnen, den 22. februar 1802.

Die Gnade unsers Herrn Jesu Christi, die Liebe Gottes des Vaters und die Gemeinschaft des heiligen Geistes sey mit uns Allen. Amen!

Meine lieben Kinder! Es ist mir von meinen hohen Obern anbefohlen worden, hier eine Prüfung über eure Religionskenntnisse anzustellen. Diesen Befehl habe ich nicht können bisher befolgen wegen einer Krankheit, die allgemein bekannt gewesen ist. Aber jetzt befinde ich mich besser, und bin mit Gottes Hülfe nach vielen Hindernissen hier, um das mir aufgetragene Geschäft zu vollziehen. Ich bitte Gott um seinen Beystand, daß die Vollziehung desselben in jeder Rücksicht heilsame folgen haben möge.

Ihr habt nicht eine Katechisation zu erwarten, wie sie in den gewöhnlichen Versammlungen zur Erbauung gehalten werden, auch nicht eine eigentliche zusammenhängende Unterredung über die Religionslehren: sondern ich will nur erforschen, wie ihr den zeither empfangenen Religionsunterricht gefaßt und behalten habt. Noch muß ich erinnern, um allen Mißverständnissen vorzubeugen, daß die fragen, die ich euch vorlegen werde, nicht zuſammenhängend, nicht in einer wiſſenſchaftlichen Ordnung geſtellt ſeyn werden. Ich ſoll allen Zuſammenhang und alle wißenſchaftliche Verbindung vermeiden, meine Fragen ſollen ſich bloß auf die Unterſcheidungslehren der chriſtlichen Religion und unſerer Kirche beziehen.

Was ſind für Lehren gemeint unter den Unter- ſcheidungslehren?

Sch. Diejenigen Lehren der chriſtlichen Religion, wodurch ſie ſich von andern unterſcheidet, z. B. von den Juden, Heiden, Deiſten ꝛc.

Ex. Kann dieß nicht in anderer Rückſicht noch geſagt werden: Von welchen weiter?

Sch. Von Muhamedanern.

Ex. Von welchen noch weiter?

Sch. Von der natürlichen.

Ex. Freylich von der natürlichen! Was iſt es für ein Unterſchied, betrifft er die Haupt- oder Neben- ſache?

Sch. Die Hauptſache.

Ex. Iſt alſo die chriſtliche Religion in gewißen Hauptſätzen verſchieden von der natürlichen?

Sch. Ja.

Ex. Wie kann man eine ſolche Religion nennen, die man nicht durch Vernunft ausfindig machen kann?

Sch. Geoffenbarte.

Ex. Was enthält dieſe für Lehren?

Sch. Solche, die wir durch die Vernunft nicht einſehen können.

Ex. Wie nennt man dieſe?

Sch. Geheimniſſe.

Ex. Was heißen Geheimniſſe?

Sch. Solche Lehren, die wir durch bloße Vernunft nicht begreifen können, sondern durch die Lehre Jesu und eine nähere Offenbarung.

Er. Können wir von diesen Lehren Alles begreifen?

Sch. Nein.

Er. Wovon wir also blos so viel einsehen, als unser eingeschränkter Verstand hinreicht und?

Sch. Als es uns erlaubt ist.

Er. Und als uns davon durch den Unterricht der heil. Schrift offenbaret ist. Es sollen also die Unterscheidungslehren solche seyn, die die geoffenbarte Religion von der natürlichen unterscheiden. Unterscheidet sich unsere Kirche auch von andern Kirchenpartheyen?

Sch. Ja, von den Katholiken und Reformirten.

Er. In welchen Dingen von der katholischen Kirche?

Sch. Sie haben mehrere Sakramente.

Er. Wie viel haben diese Sakramente?

Sch. Sieben.

Er. Ich will das nicht festhalten, weil die Rede war von den Grundsätzen der geoffenbarten und natürlichen Religion. Welche Religion von beiden hat den Vorzug vor der andern?

Sch. Die geoffenbarte.

Er. Richtig! Also die uns durch besondere göttliche Veranstaltungen zu Theil geworden ist. Was sind das für Veranstaltungen?

Sch. Die durch Jesus.

Er. Sind nicht vorher schon solche geschehen?

Sch. Durch Propheten.

Er. Und noch vorher?

Sch. Durch Moses.

Ex. Wie nennt man die durch Moses und die Propheten getroffenen Veranstaltungen Gottes?

Sch. Offenbarung.

Ex. Wie nennt man auch die durch Moses und die Propheten geoffenbarte Religion noch anders?

Sch. Alt Testamentische.

Ex. Was heißt Testament?

Sch. Religionsverfassung.

Ex. Heißt's nicht auch die Religion selbst?

Sch. Nein!

Ex. Recht! Kann man sagen, es sey in den Büchern der Evangelisten und Apostel eine gantz neue Religion enthalten?

Sch. Nein.

Ex. Was heißt altes Testament?

Sch. Alte Religionsverfassung.

Ex. Wie kann man das Wort Testament auch noch anders geben?

Sch. Durch Bund.

Ex. In wie fern ist also die Religion, die wir in Moses und der Propheten Schriften finden, von der in den Schriften der Evangelisten und Apostel ver-schieden?

Sch. In Absicht der Art und Weise.

Ex. Ist sie der Hauptsache nach verschieden?

Sch. Nein.

Ex. Nur in Absicht der Deutlichkeit —

Sch. Vollständigkeit äußerlicher Gebräuche.

Ex. Und mancher Gesetze. Der Hauptsache nach ist die christliche einerley mit der im Alten Testamente. Wer kann mir einen Spruch sagen, wo Paulus sagt, der Weg zur Seeligkeit sey schon ehedem gezeigt worden?

Sch. Nachdem Gott manchmal und zu ver-schiedenen Zeiten 2c.

Ex. Hier ist nur von der Offenbarung die Rede. Diese Stelle meine ich nicht. Wie heißt es 2. Tim. 3, 16.

Sch. Alle Schrift von Gott eingegeben ist nütze zur Lehre, zur Strafe, zur Besserung, zur Züchtigung in der Gerechtigkeit. Daß ein Mensch Gottes sey vollkommen, zu allen guten Werken geschickt.

Ex. Was heißt zur Strafe?

Sch. —

Ex. Ist von einer körperlichen Züchtigung die Rede?

Sch. Nein, von einer geistigen Züchtigung.

Ex. Was heißt bestrafen, wenn die Rede ist von Irrthümern?

Sch. Widerlegung unrichtiger Begriffe und Irrthümer.

Ex. Was heißt Gerechtigkeit?

Sch. Tugend, Besserung.

Ex. Was ist Belehrung?

Sch. Warnung, Ermahnung.

Ex. Ist Züchtigung mehr als Belehrung?

Sch. Ja.

Ex. Was heißt hier vollkommen zu allen guten Werken?

Sch. Angewöhnung zur Tugend.

Ex. Was steht noch da im 15. Verse?

Sch. Und weil du von Kindheit auf ꝛc.

Ex. Wodurch kann uns dieselbe unterweisen zur Seeligkeit?

Sch. Durch den Glauben an Jesum Christum?

Ex. Was folgt daraus?

Sch. Es müssen Verheißungen auf ihn schon im Alten Testament dagewesen seyn.

Ex. Wie heißen diese Verheißungen?

14 *

Sch. Messianische Weissagungen.

Er. Finden wir im Alten Testamente schon Weissagungen von ihm?

Sch. Ja.

Er. Hat Jesus dieß selbst gesagt?

Sch. Ja.

Er. Wo?

Sch. —

Er. Das ist eine Hauptstelle Joh. 5. Wir wollen sie nicht aufschlagen. Suchet —

Sch. Suchet in der Schrift, denn ihr meint ihr 2c.

Er. Welche Schrift meint Jesus?

Sch. Das Alte Testament.

Er. Warum gebietet er es zu lesen?

Sch. Sie werden finden, daß auch hierinne Verheißungen von ihm enthalten sind.

Er. Was heißt das, ewiges Leben?

Sch. Fortdauer des Geistes, Seeligkeit.

Er. In welcher Verbindung stehen die Worte hier: Sie ist's, die von mir zeuget?

Sch. Er wollte damit beweisen, daß er der wirkliche Messias sey.

Er. Vielleicht hat sich aber Jesus nur nach den Jüdischen Meynungen gerichtet, vielleicht hat er sich nach ihren Vorstellungen accommodirt. Man spricht ja jetzt so: Jesus habe sich nur nach ihnen gerichtet, um seiner Lehre den Weg zu bahnen.

Sch. Nein, so ist es hier nicht.

Er. Hat er nicht auch im Kreise seiner Jünger so gesprochen, nach seiner Auferstehung? Wie heißt die Stelle?

Sch. —

Er. Ist euch nicht das sehr rührende Gespräch bekannt, das Jesus an seinem Auferstehungs-Tage hielt?

Sch. Ja! mit seinen Schülern.

Ex. Na, mit welchen?

Sch. Mit den nach Emaus reisenden Jüngern.

Ex. Wie heißt es da? Mußte —

Sch. Mußte nicht Christus solches leiden und 2c.

Ex. Worauf führte er sie dabey?

Sch. Er führte sie auf die Schriften des Alten Testamentes und sagte, er habe müssen leiden, daß die Schrift erfüllet würde.

Ex. Es heißt auch: Er legte ihnen die Schrift aus. Was heißt das?

Sch. Er erklärte ihnen die Verheißungen und Weissagungen auf sich.

Ex. Und hat er dieß nicht auch in den Versammlungen seiner Schüler gesagt?

Sch. Es muß Alles erfüllet werden, was geschrieben 2c.

Ex. Wo stände von ihm geschrieben?

Sch. In Moses, den Propheten und den Psalmen.

Ex. Ich will hiervon abbrechen. Haben wir auch Grund, diese und alle übrigen Belehrungen als göttlich anzusehen?

Sch. Ja!

Ex. Wie pflegt man davon zu reden?

Sch. Die Verfasser dieser Schriften haben sich bei Abfassung derselben eines außerordentlichen Beyfalles des heil. Geistes zu erfreuen gehabt.

Ex. Beyfalles —?

Sch. Nein: Beystandes wollte ich sagen.

Ex. Wie nennt man dieß auch?

Sch. Eingebung.

Ex. Ist das so zu verstehen, als habe der heil. Geist alle Worte und Buchstaben eingegeben?

Sch. Nein!

Ex. Was bedeutet es?

Sch. Sie standen unter besonderer Aufsicht Gottes, daß sie nicht irren konnten.

Ex. Wie heißt es daher in jener Stelle?

Sch. Alle Schrift von Gott eingegeben 2c.

Ex. Wodurch bewiesen die Evangelisten und Apostel, daß sie sich eines besonderen göttlichen Bey-standes, Einflusses, Leitung und Unterweisung zu er-freuen hatten?

Sch. Durch ihre Wunder und Weissagungen.

Ex. Was sind Weissagungen?

Sch. Vorhersagung künftiger zufälliger Dinge.

Ex. Es gehört noch etwas dazu — ?

Sch. —

Ex. Be—

Sch. Bestimmte Vorhersagung.

Ex. Noch was? — Können sie unerfüllt ge-blieben seyn?

Sch. Die durch den Erfolg bestätigt sind.

Ex. Finden wir solche Weissagungen schon im Alten Testamente?

Sch. Ja!

Ex. Von wem können diese Weissagungen nur herrühren?

Sch. Von Gott.

Ex. Warum? Was gehört dazu, alle Umstände vorherzusehen?

Sch. Allwissenheit.

Ex. Ist das eine Eigenschaft des Menschen?

Sch. Nein, eine göttliche.

Ex. Was schließt man also daraus, wenn in einem Buche Weissagungen enthalten sind, die durch den Erfolg bestätigt sind?

Sch. Daß eine höhere Kraft als menschliche sie bewirkt.

Er. Wie werden solche Menschen genannt, die Weissagungen geschrieben haben?

Sch. Propheten.

Er. Nein —

Sch. Gesandte Gottes.

Er. Könnte man dieß nicht in einen Schluß zusammenfassen? Ists wahrscheinlich, daß Gott Betrügern solche Kräfte werde verliehen haben?

Sch. Nein!

Er. Warum?

Sch. Es stritte mit der Weisheit, Heiligkeit und Gerechtigkeit Gottes.

Er. Wieso?

Sch. Der Heilige kann nur das thun, was recht ist.

Er. Hätte er nicht Veranlassung gegeben zur Verbreitung des Irrthums?

Sch. Ja!

Er. Es steht eine Stelle in der Schrift, wo die Weissagungen als Gottes Werk angesehen werden: Wie heißt die?

Sch. Die heiligen Männer Gottes haben 2c.

Er. Was steht vorher noch?

Sch. Es ist noch nie eine Weissagung aus 2c.

Er. Was heißt menschlicher Wille?

Sch. Es heißt soviel als aus menschlichem Verstande.

Er. Was wird unter heiligen Männern verstanden?

Sch. Propheten.

Er. Es wurde vorhin gesagt: sie hätten ihr Ansehen bestätigt durch Wunder: Was heißen Wunder?

Sch. Solche Thaten, die kein gewöhnlicher Mensch verrichten kann, und welche die uns bekannten Gesetze der Natur übersteigen.

Ex. Ist es hierzu nöthig, mit allen Gesetzen der Natur bekannt zu seyn?

Sch. Nein!

Ex. Man spricht aber: man kann nicht urtheilen, ob es natürlich zugegangen oder nicht. Gilt diese Einwendung?

Sch. Nein.

Ex. Die Sättigung des Volks mit wenigen Nahrungsmitteln war nichts natürliches; die Belebung der Verstorbenen ebenfalls. Hat die Schrift selbst auf solche Wunder einen Werth gelegt?

Sch. Ja! 1. Jesus selbst sagt: So ihr nicht Zeichen und Wunder —

Ex. Na, na, na, das ist darwider.

Sch. 2. Ja: sie sollten auf seine Wunder aufmerksam sein.

Ex. Recht! Glaubet ihr nicht um meiner Rede willen, so glaubet 2c. Hat es eine andere Bewandniß mit den Wundern Christi, als mit den der Propheten?

Sch. Ja, die Wunder Christi sind von höherer Art, weil er selbst Gott war.

Ex. Wie heißt es Joh. 5, 10?

Sch. Ich und der Vater sind eins.

Ex. Heißt das nicht: wir wirken zu Einem Zweck; da sagen ja die Neuern das heiße: ich bin mit dem Vater eines Sinnes?

Sch. Nein, es beziehet sich hier auf die göttliche Allmacht Jesu.

Ex. Kann es nicht aber auch heißen: wir wirken zu Einem Zweck?

Sch. Es kann's auch heißen.

Er. Hat dem nicht Jesus selbst auf diese Art die Wunder seiner Apostel uns empfohlen als Beweiß ihrer göttlichen Sendung?

Sch. Ja.

Er. Marci am letzten. Na!

Sch. Sie gingen und predigten — Zeichen.

Er. Waren die Apostel auch göttlich Be-glaubigte?

Sch. Die Apostel waren auch göttliche Gesandte.

Er. Was hat ihnen Jesus vor seinem Tode versprochen?

Sch. Den heiligen Geist.

Er. Was heißt der heilige Geist? Heißt er nicht die Denkart des Vaters? Man spricht ja im gemeinen Leben: Er hat den Geist seines Vaters, seiner Mutter: Der Geist seines Vaters ruht auf ihm; er hat den Sinn, die Gesinnung seines Vaters. Wie spricht er von dem heil. Geist?

Sch. Er verheißt ihnen den Beystand des heil. Geistes.

Er. Wie redet Christus vom heil. Geiste?

Sch. Er stellt ihn als eine Person dar.

Er. Wie nennt er ihn?

Sch. Einen Tröster.

Er. Was heißt ein Tröster.

Sch. Der beruhigt, der erleuchtet und unterstützt.

Er. Ist das auch wirklich geschehen?

Sch. Ja!

Er. Sind ihnen die Gaben des heiligen Geistes zu Theil geworden?

Sch. Ja!

Er. Wann geschah es?

Sch. Am ersten Pfingstfeste.

Ex. Wie nennt man dieß?

Sch. Ausgießung des heil. Geistes.

Ex. Was heißt Ausgießung des heil. Geistes?

Sch. Die Mittheilung des heil. Geistes.

Ex. Was heißt Mittheilung des heil. Geistes?

Sch. Er wirkte auf sie.

Ex. Mittheilung der Gaben und Kräfte. Giebt es auch einen andern Weg, wodurch man sich von der göttlichen Abstammung der Lehre Jesu überzeugen kann?

Sch. Ja, den innern Beweis.

Ex. Auch noch anderes —?

Sch. —

Ex. Den Er—

Sch. Den Erfahrungsbeweis.

Ex. Wie spricht Jesus selbst davon?

Sch. So jemand will 2c.

Ex. Man nennt dieß auch Zeugniß des heil. Geistes. Warum?

Sch. Weil sich der heil. Geist dadurch offenbaret hat.

Ex. Und noch aus einer andern Ursache.

Sch. Weil es zeuget, bestätigt; weil es Zeugniß seiner Wahrheit ist.

Ex. Ist darin etwas schwärmerisches?

Sch. Nein.

Ex. Ich komme zurück auf die Geheimniße. Was war unter Geheimniß zu verstehen? Sind das solche Lehren, wovon wir gar nichts verstehen?

Sch. Nein, sondern wovon wir nur so viel ver-stehen, als 2c.

Ex. Ist Religion eine solche Sklaverey, daß wir bloß blind glauben sollen?

Sch. Nein.

Ex. Was sind Geheimniße?

Sch. Die Lehren, wovon wir die Ursachen nicht gleich einsehen können, und wovon wir nur so viel verstehen, als in der heil. Schrift offenbaret ist.

Er. Sollen wir die Geheimniße verwerfen, weil wir sie nicht begreifen können?

Sch. Nein, sie sind nicht zu verwerfen.

Er. Findet man nicht auch in der Natur und Künsten und Wißenschaften Geheimniße?

Sch. Ja.

Er. Sind vielleicht Geheimniße so beschaffen, daß sie keinen Einfluß auf unsere Tugend hätten?

Sch. Nein, sie sind wichtige Lehren.

Er. Wer kann mir eine Stelle sagen?

Sch. Kündlich groß ist das 2c.

Er. Ich will aber auch etwas von den hintern wißen; was heißt kündlich groß?

Sch. Bekannt, unleugbar.

Er. Was heißt gottseeliges Geheimniß?

Sch. Wichtiges.

Er. Warum ist es wichtig?

Sch. Weil es Einfluß auf unser Wohl hat.

Er. Auf welches Wohl?

Sch. Auf das geistige.

Er. Was für Einfluß hat es auf unsere Tugend-liebe?

Sch. Es hat Einfluß auf unsere Beßerung und Herzensbildung

Er. Nennt mir einige Lehren der Art?

Sch. Die Lehre von der Dreyeinigkeit, Erbsünde, Rechtfertigung.

Er. Stehet das Wort Dreyeinigkeit in der Bibel?

Sch. Nein, das Wort stehet nicht darinn.

Er. Sind noch mehr Worte, die wir Theologen

angenommen haben, und die doch nicht in der Bibel stehen?

Sch. Ja.

Ex. Zum Beispiel? —

Sch. Dreyfaltigkeit —

Ex. Dreyfaltigkeit muß man nicht sagen, das ist ein schlechter Ausdruck.

Sch. Erbsünde, Rechtfertigung, Sakramente.

Ex. Rechtfertigung, das steht in der Bibel. Aber Genug—

Sch. Genugthuung nicht.

Ex. Wenns Wort nicht in der Bibel steht, folgt daraus, daß die Sache nicht wahr sey?

Sch. Nein.

Ex. Dreyeinigkeit. Was sagt die Bibel davon? Lehrt die Bibel nicht ausdrücklich, es sey nur Ein Gott?

Sch. Ja, aber in diesem einigen Gott drey Personen.

Ex. Kommt in der Bibel das Wort Person oder ein demselben ähnliches vor?

Sch. Nein, auch nicht.

Ex. Aber wie spricht die Bibel von diesen Dreyen?

Sch. Als von drey verschiedenen wesent—

Ex. Wesen —?

Sch. Nein, wesentlich verschiedenen Personen.

Ex. Sie redet aber doch von diesen Dreyen so, daß wir sie können Personen nennen?

Sch. Ja, so spricht die Schrift.

Ex. Was thue ich, wenn ich von einem Menschen als Person rede, was lege ich ihm bey?

Sch. Persönliche Eigenschaften und Würde.

Ex. Thue ich das, erkläre ich da nicht Einen für eine Person?

Sch. Ich erkläre ihn dadurch für eine Person.

Er. Sie setzt aber dem Vater an die Seite was?

Sch. Den Sohn und heiligen Geist.

Er. Was heißt Sohn Gottes, heißt es nicht vielleicht Liebling Gottes?

Sch. Nein.

Er. Heißt nicht zuweilen Sohn Gottes Liebling Gottes?

Sch. Ja, bisweilen.

Er. Ist nicht jeder Christ ein Kind Gottes?

Sch. Ja, aber Jesus wird eingebohrner Sohn Gottes genannt.

Er. Warum heißt Jesus so?

Sch. Weil er mit dem Vater in einer ganz besondern Verbindung steht.

Er. Ist es recht zu sagen: die Gottheit Jesu?

Sch. Ja, Jesus war Gott.

Er. So sollte man nicht sagen: die Gottheit Jesu, sondern die Gottheit des Sohnes Gottes; oder die Gottheit Jesu Christi. Was bezeichnet der Nahme Jesu für eine andere Natur?

Sch. Seine menschliche.

Er. Können wir das aber begreifen, was von der Person Jesu gelehrt wird?

Sch. Nein.

Er. Sind wir aber berechtigt, es zu glauben?

Sch. Ja, weil Jesus davon redet.

Er. Wie heißt er deshalb, weil er der einzige Sohn ist?

Sch. Der Eingebohrne.

Er. Wie auch noch?

Sch. Abglanz, Ebenbild ꝛc.

Er. Wie noch mehr?

Sch. —

Er. Das steht in einer Hauptstelle: Wie spricht Paulus Röm. 8. —?

Sch. —

Er. Das ist eine Hauptstelle: Der auch seines —

Sch. — eignen Sohnes nicht verschonet hat 2c.

Er. Wie wird Jesus hier genannt?

Sch. Eigner Sohn Gottes.

Er. Wie pflegt man zu sagen, wenn man von der Gottheit Christi redet?

Sch. Man nennt ihn Sohn Gottes oder Gott.

Er. Gebietet dieß die Schrift?

Sch. Ja.

Er. Wem eignet sie das zu, was Gott zukömmt?

Sch. Jesu Christo.

Er. Was führt man für Beweise für die Gottheit des Sohnes Gottes an?

Sch. Man kann sie in einen Schluß zusammenfaßen: Wem göttlicher Nahme, göttliche Werke, göttliche Eigenschaften und Verehrung beygelegt werden, der muß Gott seyn. Nun werden aber Jesu göttlicher Nahme, göttliche Werke, göttliche Eigenschaften und Verehrung beygelegt: also muß er auch Gott seyn.

Er. Was werden also Jesu Christo beygelegt?

Sch. Göttlicher Nahme.

Er. Wo?

Sch. Gott war das Wort 2c.

Er. Wo noch mehr?

Sch. Du liebest Gerechtigkeit und haßest gottlos Wesen, darum hat dich Gott, dein Gott 2c.

Er. Ja, die Stelle kann auch hergehören; aber noch eine Hauptstelle? —

Sch. —

Er. Das ist die Hauptstelle Röm. 5.

Sch. Christus kommt her aus den Vätern nach dem 2c.

Er. Was heißt nach dem Fleisch?

Sch. Nach seiner menschlichen Natur.

Er. Auch werden ihm noch mehr beygelegt?

Sch. Göttliche Werke.

Er. Was für Werke werden dem Sohne Gottes zugeschrieben?

Sch. Antheil an der Schöpfung, die Erhaltung und Regierung der Welt, Sündenvergebung, Auferweckung der Todten, Weltgericht.

Er. Antheil an der Schöpfung — wo?

Sch. Alle Dinge sind durch daßelbe gemacht.

Er. Es heißt aber nur in dieser Stelle, die Welt sey durch ihn gemacht; wird Jesus nicht auch als Schöpfer vorgestellt?

Sch. Ja. — Er trägt alle Dinge mit —

Er. Nein, nein, die handelt nicht davon: Hebr. 1.

Sch. Nachdem Gott — durch welchen er auch die Welt gemacht hat.

Er. Und Psalm 10 heißt es: Herr, du hast —

Sch. — vorhin die Erde gegründet 2c.

Er. Zeigt das bloß an, er ist das Werkzeug, durch welches die Welt erschaffen wurde?

Sch. Nein, den Urheber.

Er. Was werden ihm noch mehr für Werke zugeschrieben?

Sch. Erhaltung der Welt, Auferweckung der Todten, Sündenvergebung.

Er. Weiter! —

Sch. Allgemeines Weltgericht.

Er. Wie heißt es davon?

Sch. Der Vater richtet niemand 2c.

Ex. Von welchem Gericht ist die Rede? was heißt: dem Sohne ist das Gericht übertragen?

Sch. Nach seiner Lehre sollen einst alle Menschen gerichtet werden.

Ex. Da stehet nichts davon. Die Rede ist vom feyerlichen Gerichte, das Gott seinem Sohne aufgetragen habe. Was leitet Jesus für eine Folge daraus?

Sch. Daß sie den Sohn wie den Vater ehren sollen.

Ex. Wie vielerley Beweise für die Gottheit Christi liegen darinn?

Sch. Zwey: Erstlich wird ihm ein göttliches Werk zugeschrieben.

Ex. Kann das ein menschlicher Geist verrichten?

Sch. Nein!

Ex. Was wird dazu erfordert, um das Weltgericht halten zu können?

Sch. Allmacht, Allwißenheit.

Ex. Was stehet weiter da?

Sch. Daß sie alle den Sohn wie den Vater ehren.

Ex. Was wird ihm also beygelegt?

Sch. Göttliche Ehre.

Ex. Wo wird ihm weiter göttliche Ehre beygelegt?

Sch. Und alle Zeugen sollen bekennen, daß Jesus Christus der Herr sey, zur Ehre Gottes des Vaters.

Ex. Werden nicht auch die Engel aufgefordert, ihn anzubeten?

Sch. Ja, es sollen ihn auch die Engel Gottes anbeten.

Ex. Werden auch wir dazu verpflichtet?

Sch. Ja.

Ex. Wo?

Sch. 1. In den angeführten Stellen, 2. bey der Taufe.

Ex. Wo? wo? Ich will doch auch dort hinten einen fragen. Wie heißt die Stelle?

Sch. Gehet hin in alle Welt 2c.

Ex. Wer sagte die Worte?

Sch. Jesus.

Ex. Zu wem?

Sch. Zu seinen Schülern.

Ex. Wann?

Sch. Als er sie aussandte nach seiner Auferstehung.

Ex. Was ist der Inhalt dieser Stelle?

Sch. Gehet hin und belehret die Völker und verpflichtet sie durch die Taufe zur Verehrung des Vaters, Sohnes und heil. Geistes.

Ex. Ich dachte, die Taufe war schon vorher da?

Sch. Ja.

Ex. Wer hat getauft?

Sch. Johannes.

Ex. Wer mehr?

Sch. Auch seine Schüler.

Ex. Auch vielleicht Jesus selbst. — War die Taufe bloß unter den Juden?

Sch. Nein, auch die Heyden, die Juden werden wollten, mußten getauft werden.

Ex. Was heißt: Taufet sie im Nahmen des Vaters, Sohnes und heil. Geistes?

Sch. Zur Verehrung oder zum Glauben an den Vater, Sohn und heil. Geist.

Ex. Hätte das Jesus befehlen können, wenn er nicht Theilnehmer des göttlichen Wesens war?

Sch. Nein.

Ex. Wie sagt Gott? Ich will meine Ehre —

Sch. Keinem andern geben, noch meinen Ruhm den Götzen.

Ex. Ich will auch davon abbrechen. In welchem

Artikel des christl. Glaubens wird von der Gottheit des Sohnes Gottes gesprochen?

Sch. Im Zweyten.

Ex. Ich will ihn nicht erst herbeten lassen. Wie pflegen wir das Glaubensbekenntniß zu nennen?

Sch. Das Apostolische.

Ex. Warum?

Sch. Weil es aus den Schriften der Apostel gezogen ist.

Ex. Haben es die Apostel selbst verfertigt?

Sch. Nein, es ist nur aus ihren Schriften gezogen.

Ex. Wovon handelt der 2. Artikel?

Sch. Von der Erlösung.

Ex. Was wird unter Erlösung verstanden? Heißt es vielleicht, Jesus hat die Menschen von Unwißenheit, Aberglauben, Laster, Todesfurcht, Gespensterfurcht befreyet?

Sch. Nein, er hat uns durch seinen Tod Vergebung der Sünden erworben.

Ex. Heißt es nicht aber auch: er hat uns von Unwißenheit, Aberglauben, Lastern, von der Todesfurcht und der Furcht vor Gespenstern befreyet?

Sch. Ja, es heißt das auch.

Ex. Was heißt erlösen?

Sch. Befreyen.

Ex. Von welcher Befreyung ist hier die Rede: Von Irrthümern und Aberglauben, von Lastern, von der Todesfurcht 2c.?

Sch. Nein.

Ex. Worauf sieht die Schrift besonders, wenn sie von Erlösung spricht?

Sch. Auf die Befreyung von der Sünde.

Ex. Welches ist das Schrecklichste von allen Übeln?

Sch. Die Sünde.

Ex. Was heißt von der Sünde befreyen? — Theils —

Sch. Theils von der Schuld und Strafe der Sünde, theils von der Herrschaft der Sünde.

Ex. Wie steht in Luthers Erklärung, wodurch er das gethan habe?

Sch. Durch sein heil. theueres Blut und durch 2c.

Ex. Können wir nicht sagen, daß er uns durch seine Lehre und sein Beispiel Vergebung der Sünden erworben habe?

Sch. Nein, so kann man nicht sagen.

Ex. Wie steht in Luthers Auslegung, wodurch er uns erlöst habe?

Sch. Durch sein heil. theures Blut und durch sein unschuldiges, bittres Leiden und Sterben.

Ex. Ist das auch schriftmäßig?

Sch. Ja, das Blut Jesu Christi macht 2c.

Ex. Jesus, als er das Abendmahl einsetzt, sagt wie?

Sch. Zur Vergebung der Sünden.

Ex. Wodurch ist die Erlösung geschehen?

Sch. Durch seinen Tod.

Ex. Wovon ist die Erlösung geschehen?

Sch. Von der Schuld, Strafe und Herrschaft der Sünde.

Ex. Was ist vom Leiden und Tod Jesu zu halten?

Sch. Uns Vergebung der Sünden zu verschaffen.

Ex. Wo stehet das?

Sch. Es stehet in der Bibel. Er starb für uns zur Vergebung der Sünden.

Ex. Wann starb Jesus?

Sch. Unter Pontius Pilatus.

15*

Ex. Hat er bloß durch seinen Tod seine Lehre bestätigen wollen?

Sch. Nein.

Ex. Das war nicht der Hauptzweck. Starb er aber nicht auch zur Bestätigung seiner Lehre und uns ein Beyspiel zu geben?

Sch. Das kann man auch behaupten.

Ex. Woher beweißt man das, daß er uns durch sein Leiden ein Beyspiel habe geben wollen?

Sch. Er hat für uns gelitten, und uns ein Vorbild gelaßen, daß wir nachfolgen sollen seinen Fußstapfen.

Ex. Ist das der vornehmste Zweck, um uns ein Vorbild zu laßen?

Sch. Nein.

Ex. Sondern —?

Sch. Um uns Vergebung der Sünden zu erwerben.

Ex. Was heißt das?

Sch. Jesus hat bei Gott gemacht, daß wir von der Strafe der Sünden frey seyn. Er hat uns wieder der Gnade Gottes würdig gemacht.

Ex. Hat Jesus erst gelehrt, Gott wolle Sünden vergeben? Wußte man das nicht schon vorher?

Sch. Ja, das wußte man schon.

Ex. Wird Gott nicht im alten Testamente vorgestellt als barmherzig?

Sch. Ja, gnädig und barmherzig ist der Herr 2c.

Ex. War das nicht schon früher aus den Schriften der Propheten bekannt?

Sch. Ja.

Ex. Wie wird der Tod Jesu vorgestellt, wie heißt es im Catechismus?

Sch. Erworben, gewonnen von allen Sünden 2c.

Ex. Also —?

Sch. Als Erwerbungsmittel der Sündenvergebung.

Ex. Ist das bloß eine kirchliche Vorstellung?

Sch. Nein, auch eine biblische.

Ex. Lehrt es Jesus und seine Apostel selbst?

Sch. Ja.

Ex. Hat Jesus selbst ganz deutlich davon ge-sprochen?

Sch. Ja. Brechet diesen Tempel 2c.

Ex. Deutlich wohl nicht. Er sagt ja Matth. 20. Ich habe euch —

Sch. — noch viel zu sagen, aber ihr könnt 2c. ·

Ex. Aber er sagt: er gebe sein Leben —

Sch. — zur Erlösung.

Ex. Zum Lösegeld. Was heißt das: zum Lösegeld?

Sch. Um sie von dem traurigen Zustand zu be-freyen.

Ex. Aber seine Apostel haben es nachher gelehrt, und es deutlich vorgestellt. Einige Stellen —?

Sch. —

Ex. Christus ward —

Sch. Christus ward ein Fluch für uns 2c.

Ex. Was heißt: von dem Fluch des Gesetzes?

Sch. Von der Strafe, die das Gesetz auflegt.

Ex. Hat er es bloß durch seine Lehre gethan?

Sch. Nein.

Ex. Was heißt: er ward ein Fluch?

Sch. Er starb als Mißethäter.

Ex. Andere ähnliche Stellen —? Cor. 5.

Sch. Gott hat den, der von keiner Sünde wußte, für 2c.

Ex. Was heißt: zur Sünde gemacht?

Sch. Er hat ihn als Sünder behandelt, und leiden und sterben lassen.

Ex. Sünde steht für Sünder. Wer ist das: der, der von keiner Sünde wußte?

Sch. Jesus.

Ex. Warum ist das geschehen?

Sch. Auf daß wir gerecht würden.

Ex. Was heißt hier gerecht?

Sch. Daß wir tugendhafte Menschen würden.

Ex. Was heißt das wieder?

Sch. Daß wir Gottes Wohlgefallen erlangten.

Ex. In welchen andern Ausdrücken spricht auch noch die Schrift von Erlösung?

Sch. Sie spricht von Versöhnung, Begnadigung, Rechtfertigung.

Ex. Es wird gesagt: Jesus ist Versöhner. So steht auch die Überschrift in manchen Lehrbüchern: Jesus, Stifter der besten Religion; Jesus, Versöhner; Jesus, unser Herr und Oberhaupt. — Was heißt es: Jesus ist Versöhner?

Sch. Er hat uns mit Gott versöhnt.

Ex. Das ist zweydeutig. In welchem Sinne wird das gesagt: Wen hat Christus versöhnt?

Sch. Die Menschen mit Gott.

Ex. Lehrt die Schrift: Jesus hat Gott mit den Menschen versöhnt?

Sch. Nein, sondern er hat die Menschen mit Gott versöhnt.

Ex. War Gott ein zorniges Wesen?

Sch. Nein, Gott kann nicht wie Menschen beleidigt werden.

Ex. Was heißt es: Jesus hat die Menschen mit Gott versöhnt?

Sch. Er hat sie des Beyfalles und Wohlgefallens Gottes theilhaftig gemacht.

Ex. Konnten die Menschen als Sünder ein gutes Hertz zu Gott faßen?

Sch. Nein.

Ex. Konnten die Menschen durch ein gutes Werk sich mit Gott versöhnen?

Sch. Nein.

Ex. Was heißt es: er hat die Menschen mit Gott versöhnt?

Sch. Er hat sie bey Gott angenehm gemacht.

Ex. Ja! Er hat die Hinderniße des guten Vernehmens weggenommen. Wie heißt es: Joh. 1, 2? —

Sch. Ob Jemand sündiget, so haben wir 2c.

Ex. Es ist die Rede mit Rücksicht auf Opfer. Worauf bezieht sich der Ausdruck Versöhnung?

Sch. Auf die Opferanstalten des Alten Testamentes.

Ex. Wozu sollten diese Opferanstalten dienen?

Sch. Zur Versöhnung der Sünden des Volks.

Ex. Um des Todes Jesu willen heißt es, werden wir gerecht; was heißt das?

Sch. Wir werden von Gott begnadigt.

Ex. Wodurch?

Sch. Durch den Glauben an Jesum Christum.

Ex. Was heißt das? — unter welcher Bedingung?

Sch. Durch christliche Beßerung.

Ex. Ich frage euch noch einmahl: Ist es recht, durch christliche Beßerung? Was heißt Glaube?

Sch. Das Wort hat mehrere Bedeutungen. In der 1. Bedeutung heißt es: Etwas für wahr halten; — und in der 2. an Jesum glauben: seine Lehre für wahr halten.

Ex. In diesen und ähnlichen Stellen, wo es heißt: wir werden durch den Glauben gerecht, heißt es: wir werden durch Beßerung oder für Wahrhalten seiner Lehre gerecht?

Sch. Nein, sondern durch Zutrauen auf die an seinen Tod geknüpften Verheißungen.

Ex. Das ist recht! Ist aber die Beßerung davon ausgeschloßen?

Sch. Nein.

Ex. In wie vielerley Bedeutung wird das Wort Glauben genommen?

Sch. In zweyerley: 1. seine ganze Lehre annehmen und befolgen, 2. Zutrauen haben zu den Verheißungen, die an seinen Tod geknüpft sind.

Ex. Welche Verheißungen?

Sch. Daß wir um seines Todes willen Vergebung erlangen sollen.

Ex. Wie nennt man das?

Sch. Die Rechtfertigung.

Ex. Was heißt Rechtfertigung?

Sch. Von Gott für gerecht erklärt werden, Begnadigung durch Christus.

Ex. Man pflegt das auch Verdienst Christi zu nennen. Was heißt das? — Man pflegt von einem Menschen zu sagen: er hat viel Verdienste; heißt's das hier?

Sch. Nein, sondern die Wohlthaten, die wir Jesu zu verdanken haben.

Ex. Ist unterm Verdienste bloß die Lehranstalt Jesu zu verstehen?

Sch. Nein, auch die Wohlthat seines Todes.

Ex. Was heißt im eigentlichen Sinne Verdienst Christi?

Sch. Alle die Wohlthaten, die er uns durch seine Lehre, Beyspiel und Tod verschafft hat.

Ex. Also den Inbegriff —

Sch. Inbegriff aller Wohlthaten, die er uns durch seine Leiden und Tod erworben hat.

Ex. Schließt man dadurch die Lehre aus?

Sch. Nein.

Ex. In welchem Sinn wird Glaube besonders genommen?

Sch. Das Vertrauen, daß uns Gott um des Todes Jesu willen begnadigen wolle.

Ex. Was heißt das?

Sch. Daß er uns die Sünden verzeihen wolle, um des Todes Jesu willen.

Ex. Ist das bloß eine angenommene kirchliche Be- deutung, die Lehre von der Gnade Gottes in Christo Jesu?

Sch. Nein, auch eine biblische.

Ex. Eine Stelle, wo der Gegenstand des Glau- bens angeführt wird, Röm. 3, 23. Wir wollen sie aber nicht aufschlagen, sie ist bekannt, es ist eine Haupt- stelle. — Na! — Wir werden —

Sch. Wir werden ohne Verdienst gerecht aus seiner Gnade 2c.

Ex. Worauf wird der Glaube in dieser Stelle bezogen?

Sch. Auf den Tod Jesu.

Ex. Noch eine Stelle 1. Petr. 1.

Sch. Wißet, daß ihr nicht mit vergänglichem 2c.

Ex. Es heißt hier Blut, was heißt das?

Sch. Durch seinen Tod.

Ex. Was heißt das: auf seinen Tod?

Sch. Durch das Vertrauen, welches wir auf seinen Tod und die daran gebundenen Verheißungen setzen?

Ex. Auf wie viel Stücken beruht der Glaube? Wie viel Stücke rechnet man gewöhnlich dazu?

Sch. Drey Stücke: Erkenntniß, Beyfall, Zuversicht.

Er. Welches ist von diesen drei Stücken der wesentlichste Bestandtheil?

Sch. Die Zuversicht.

Er. Was heißt das?

Sch. Die Überzeugung, daß uns Gott um des Todes Jesu willen begnadigen wolle, unsere Sünden vergeben wolle.

Er. Sind die beyden vorhergehenden Stücke aber auch erforderlich?

Sch. Ja, sie gehören auch dazu.

Er. Kann ich dem vertrauen, den ich nicht kenne?

Sch. Nein, ich muß ihn erst kennen.

Er. Sind wir im Stande, durch unsere Kräfte zu einem solchen gottgefälligen Glauben zu gelangen?

Sch. Nein, durch den Beystand des heil. Geistes.

Er. Wo wird im Catechismo davon gehandelt?

Sch. Im dritten Artikel.

Er. Wie heißt es dort in der Auslegung?

Sch. Ich glaube, daß ich nicht aus eigner Vernunft noch Kraft an Jesum Christum 2c.

Er. Ist das aber nicht zu hart? Streitet das nicht gegen die Menschenwürde?

Sch. Nein.

Er. Ich dachte: die Vernunft sey ein Geschenk Gottes? Wir haben ja die Vernunft als ein Geschenk Gottes anzusehen?

Sch. Das ist sie wohl — aber —

Er. Behauptet die Vernunft bey dem Menschen die Herrschaft wie sie es sollte?

Sch. Nein.

Er. Woher kommt das?

Sch. Von der Sinnlichkeit und Erbsünde.

Er. Ist das einerley: Erbsünde und Sinnlichkeit?

Sch. Nein.

Er. Was ist Erbsünde?

Sch. Ein angebohrenes Verderben unserer Natur, das von den ersten Aeltern herrührt.

Er. Nicht nur von den ersten Aeltern, von unsern Aeltern. Man sollte daher nicht Sinnlichkeit und Erbsünde verwechseln. Die Erbsünde ist eine fehlerhafte Sinnlichkeit. Was heißt das?

Sch. Sie hat das Übergewicht über die Vernunft.

Er. Lehrt das die Schrift?

Sch. Ja, das Dichten und Trachten des menschlichen Hertzens 2c.

Er. Ja, diese wird auch von Manchen hierher gerechnet. Aber noch eine Stelle. Na!

Sch. —

Er. Was sagt Jesus selbst in der Unterredung mit Nikodemo?

Sch. Was vom Fleisch gebohren wird, das ist Fleisch 2c.

Er. Was heißt: was vom Fleisch gebohren wird, das ist Fleisch? Was ist Fleisch?

Sch. Die fehlerhafte Sinnlichkeit des Menschen.

Er. Was heißt: das vom Fleisch gebohren ist, das ist Fleisch?

Sch. Was vom fehlerhaft sinnlichen Menschen gebohren ist, das ist in solchem Zustande.

Er. Ist das eine willkürliche Erklärung?

Sch. Nein, das ist keine willkürliche Erklärung.

Er. Redet nicht Jesus von der Nothwendigkeit der Beßerung?

Sch. Ja.

Er. Welcher Zustand muß der seyn, wenn Beßerung folgen soll?

Sch. Verschlimmerung.

Er. Was heißt: „Was vom Geist gebohren ist"?

Sch. 1. Was sich nicht von der Sinnlichkeit be-
herrschen läßt. 2. Was durch den heil. Geist umge-
bildet worden ist.

Er. Das ist Geist. Was heißt Geist hier?

Sch. Kind Gottes, Gott ähnlich, Gott gefällig.

Er. Wie wird noch sonst die Erbsünde im Neuen
Testamente genannt?

Sch. —

Er. Nicht ausdrücklich Sünde?

Sch. Ja.

Er. Röm. 7. das ist die Stelle, worin der Apostel
sagt, er verspüre eine doppelte Gesinnung in seinen
Gliedern, das Widerstreben des Gesetzes. Das werdet
ihr wißen. Man spricht jetzt so: Es kann euch nicht
unbekannt seyn. Ist die Erbsünde ein strafwürdiger
Zustand?

Sch. Ja.

Er. Was sagt Paulus Eph. 2. von den Juden
und Heyden von ihrer Bekehrung Wie nennt er sie?

Sch. —

Er. Kinder —

Sch. Kinder des Zorns.

Er. Was heißt das?

Sch. Gott mißfällige, strafwürdige Menschen.

Er. Ich komme zurück auf den Anfang des
dritten Artikels. Ist es der heiligen Schrift gemäß,
was dort gesagt wird?

Sch. Ja.

Er. In den Schriften Pauli ist eine Stelle. Es
kann —

Sch. Es kann Niemand Jesum einen Herrn
heißen, ohne durch den heil. Geist.

Er. Was heißt Jesum einen Herrn heißen?

Sch. Ihn nicht auf die rechte Art verehren, ohne Beystand des heil. Geistes.

Ex. Wie wird das gemeinlich genannt, was dem Geist Gottes zugeeignet wird?

Sch. Erleuchtung, Berufung, Heiligung.

Ex. Ja, das gehört dazu —

Sch. Gaben und Wirkungen des heil. Geistes.

Ex. Sind das mittelbare oder unmittelbare Wirkungen?

Sch. Mittelbare.

Ex. Was heißt mittelbare?

Sch. Was durch gewiße Veranstaltungen oder Mittel geschieht.

Ex. Welches sind die Mittel?

Sch. Das Wort Gottes und die Sakramente.

Ex. Was versteht man unter Wort Gottes? Ich will doch auch Einen da hinten fragen, daß die hier vorn nicht immer antworten.

Sch. Die Lehre Jesu.

Ex. Nicht bloß Lehre Jesu. Wollen wir aus-schließen, was im Alten Testament gesagt ist?

Sch. Nein, die in der heiligen Schrift enthaltenen göttlichen Belehrungen.

Ex. Also der —

Sch. — in der heiligen Schrift enthaltene Reli-gions-Unterricht.

Ex. Was heißt Sakrament?

Sch. Eine Religionshandlung, die mit Christo Verheißungen verbunden ist.

Ex. Wie viel Stücke rechnet man zu einem Sakramente?

Sch. Drey Stücke.

Ex. Kann man nicht auch mehr Stücke darzu-nehmen?

Sch. Nein.

Ex. Können Menschen Sakramente verordnen?

Sch. Nein.

Ex. Also ist das erste Stück?

Sch. Eine religiöse Handlung, die von Gott oder Christo selbst verordnet ist.

Ex. Und was weiter?

Sch. Die mit seinen Verheißungen verbunden ist.

Ex. Was noch?

Sch. Die mit äußern Zeichen verbunden ist.

Ex. Sollen die Sakramente bloß geistige Zeichen seyn, sollen es nicht solche Anstalten seyn, wodurch uns gewiße Wohlthaten zugesichert werden?

Sch. Nein, es sollen auch solche Anstalten seyn, wodurch uns gewiße Wohlthaten zugesichert werden.

Ex. Geistige oder leibliche?

Sch. Geistige.

Ex. Wie viel sind solcher Sakramente?

Sch. Zwey, Taufe und Abendmahl.

Ex. Ist nach unserm Bekenntniße die Taufe ein solches Sakrament?

Sch. Ja.

Ex. Hat sie die drey Erforderniße?

Sch. Ja, Jesus hat sie eingesetzt, und —

Ex. Findet sich etwas sichtbares dabey?

Sch. Das Wasser.

Ex. Ist sie nicht auch ein Besserungsmittel?

Sch. Ja.

Ex. Was pflegt man vom Unsichtbaren bey der Taufe zu lehren?

Sch. Wir erlangen dadurch die Wohlthaten des Christenthums.

Ex. Was heißt das?

Sch. Vergebung der Sünden und Seeligkeit.

Ex. Und was weiter?

Sch. Die Glückseeligkeit, in die Gesellschaft der Christen aufgenommen zu werden oder in die Kirche.

Ex. Wie heißt die Stelle im Tito am 3. Cap. Er —

Sch. Er macht uns seelig durch das Bad 2c.

Ex. Was ist unter dem Bad der Wiedergeburt zu verstehen?

Sch. Die Taufe.

Ex. Auf welche Wirkung wird hingewiesen durch ausgegossen?

Sch. Auf den heiligen Geist, dessen Beystand er uns verheißen hat.

Ex. Eine ähnliche Stelle? Sie steht Actor. 2 Wir wollen sie nicht aufschlagen, sie ist bekannt — Thut Buße —

Sch. Thut Buße und glaubet an das Evangelium.

Ex. Na, na, das gehört nicht hierher.

Sch. Thut Buße und laßet sich ein Jeder taufen 2c.

Ex. Ich muß sagen, hier auf der Seite (nach den Mädchen weisend) wißen diese Stelle weit mehr. Was ist schon der äußerliche Nutzen der Taufe?

Sch. Aufnahme in die christliche Gesellschaft.

Ex. Oder, wie pflegt man auch zn sagen?

Sch. In die christliche Kirche.

Ex. Ist das eine große Wohlthat?

Sch. Ja.

Ex. Warum?

Sch. Weil wir dadurch Gelegenheit erhalten zum christlichen Religions-Unterricht.

Ex. Was steht im Katechismo von der Wirksamkeit der Taufe?

Sch. Sie würket Vergebung der Sünden 2c.

Ex. Wie kann ich sagen: die Vergebung der Sünden ist eine Wirkung der Taufe?

Sch. Sie ist die Ursache der Vergebung der Sünden.

Ex. Wem haben wir die Vergebung der Sünden zu danken?

Sch. Dem Tode Jesu.

Ex. Kann also die Taufe Vergebung der Sünden wirken?

Sch. —

Ex. Wodurch wird uns die Vergebung der Sünden versichert?

Sch. Durch die Taufe.

Ex. Was heißt also: sie wirket?

Sch. Sie versichert uns der durch Jesum erworbenen Vergebung der Sünden.

Ex. Kann die Taufe auch vom Teufel erlösen?

Sch. Von der Furcht vor dem Teufel.

Ex. Was heißt erlösen?

Sch. Befreyen.

Ex. Was heißt es: vom Tode erlösen?

Sch. Von der Furcht vor dem Tode befreyen.

Ex. Müßen wir nicht alle sterben?

Sch. Ja.

Ex. Was ist eigentlich der Tod?

Sch. Eine Trennung des Leibes von der Seele.

Ex. Würde der Mensch nicht im unverdorbenen Zustande gestorben seyn?

Sch. —

Ex. Nein. Die göttliche Weisheit würde sie auch lebendig in einen vollkommneren Zustand haben versetzen können. Wodurch ist der Tod entstanden?

Sch. Durch die Sünde.

Ex. Wie wird der Tod vorgestellt?

Sch. Als Folge und Strafe der Sünde.

Ex. Wie heißt die Stelle?

Sch. Wie durch einen Menschen die Sünde 2c.

Er. Ja, auch, aber ich meyne eine andere. Wie heißt es Röm. 5. Wir wollen sie nicht aufschlagen.

Sch. —

Er. Der Tod —

Sch. Der Tod ist der Sünde Sold.

Er. Wenn uns aber Jesus von der Furcht des Todes befreyet hat, hat er nicht auch dem Tode eine andere Gestalt verschafft?

Sch. Ja, er hat ihm seine furchtbare Gestalt genommen.

Er. Was heißt es: von dem Teufel erlösen? Es giebt wohl keinen Teufel?

Sch. Ja.

Er. Hat Gott den Teufel geschaffen?

Sch. l. Nein. Gott schuf ihn als guten Engel, aber er wurde böse. 2. Gott sahe an Alles, was er gemacht hatte und 2c.

Er. Was heißt: er hat uns vom Teufel erlöset?

Sch. Von der sklavischen Furcht vor dem Teufel.

Er. Ja, von der Gewalt und schädlichen Verführung des Teufels. Es heißt ja: Dazu ist der Sohn Gottes erschienen, daß er die Werke des Teufels zerstöre. Wie viele Tausend Menschen sind des Andern Teufel! Man kann wohl sagen, es streitet mit der Weisheit Gottes?

Sch. Nein.

Er. Was heißt: sie giebt ewige Seeligkeit?

Sch. Die Versicherung des ewigen Lebens.

Er. Wie heißt die hierher gehörige Stelle?

Sch. Wer da glaubet und getauft 2c.

Er. Es scheint aber, als wenn alle Ungetaufte von Gott verdammet würden? Folgt das aus den Worten?

Sch. Nein.

Er. Von wem ist die Rede?

Sch. Von dem, der das Christenthum kennt und verwirft.

Er. Von wem ist in dieser Stelle die Rede?

Sch. Von denen, die den Unterricht Jesu zu erhalten Gelegenheit hatten.

Er. Was in der Erklärung in Katechismo stand, ist das schriftmäßig?

Sch. Ja.

Er. Gal. 3. Das ist eine Hauptstelle, wir wollen sie nicht aufschlagen.

Sch. Wie viel ihrer getauft sind, die haben 2c.

Er. Was heißt: Christum angezogen haben?

Sch. Christen geworden seyn.

Er. Sollte es diese Erklärung seyn? Wäre das nicht das Nämliche? giebt es ungetaufte Christen?

Sch. Nein.

Er. Was heißt es sonst?

Sch. Sie sind Kinder Gottes geworden; sie haben Jesu angenommen.

Er. Ich glaube wenigstens, es heißt's in diesem Zusammenhange nicht; denn es heißt auch: wir werden getauft auf seinen Tod. Was heißt: Gottes Kinder durch den Glauben geworden seyn?

Sch. Von Gott begnadigt seyn.

Er. Er sagt, es giebt keinen Unterschied zwischen Herrn und Knecht. Was heißt: Christum angezogen —? Wo ist der Ausdruck hergenommen?

Sch. Von der Kleidung.

Er. Was heißt also: Christum angezogen?

Sch. Mit ihm verbunden, vereinigt seyn.

Er. Und —?

Sch. Theil haben an seinen Wohlthaten.

Er. Ihr habt Theil an den Verheißungen; ihr

seyd der Wohlthat versichert worden. Wie nennt man das, was man in der Taufe verspricht?

Sch. Den Taufbund.

Ex. Können Menschen mit Gott einen Bund machen?

Sch. Nein.

Ex. Wo ist das hergenommen?

Sch. Aus dem Alten Testamente.

Ex. Wird die Taufe nicht auch im Neuen Testamente ein Bund genannt?

Sch. Ja.

Ex. Wo?

Sch. —

Ex. 1. Petr. 3. Wie wird sie da genannt?

Sch. —

Ex. Der Bund —

Sch. Der Bund eines guten Gewißens ꝛc.

Ex. Was heißt Bund?

Sch. Verheißung, Zusage, Versprechung.

Ex. Also heißt der Bund eines guten Gewißens?

Sch. Angelobung eines guten Gewißens.

Ex. Wodurch kann ein gutes Gewißen bewahrt werden?

Sch. Durch Frömmigkeit.

Ex. Dieser Taufbund soll erneuert werden, wo?

Sch. Einige bey der Confirmation. Andere beym ersten Genuß des heiligen Abendmahls.

Ex. Ist das auch ein von Gott und Christo verordnetes Mittel zur Beförderung unsres Heils und der Erwerbung der Seeligkeit?

Sch. Ja.

Ex. Hat das Abendmahl die drei Erfordernisse eines Sakraments?

Sch. Ja, es ist von Jesus eingesetzt, es ist etwas

16*

ſichtbares dabey und es iſt auch mit Verheißungen verbunden.

Er. Was iſt das Sichtbare dabey?

Sch. Brod und Wein.

Er. Was lehrt die Kirche vom unſichtbaren Gute
beym Abendmahl?

Sch. Wir werden in, mit und unter dem Brod
und Wein des Leibes und Blutes Chriſti theilhaftig.

Er. Werden wir auf die eigentliche Art des
Leibes und Blutes Chriſti theilhaftig?

Sch. Nein, auf eine geiſtige.

Er. Können wir das begreifen?

Sch. Nein, es iſt unbegreiflich.

Er. Sollen wir deswegen daran zweifeln?

Sch. Nein, wir ſollen nicht daran zweifeln.

Er. Was iſt unſere Schuldigkeit, wenn wir etwas
nicht verſtehen, ſollen wir darüber grübeln?

Sch. Nein, ſondern es mit Demuth annehmen.

Er. Glauben das alle Chriſten mit uns?

Sch. Nein.

Er. Wer geht davon ab?

Sch. Die Katholiſchen und Reformirten.

Er. Was glauben die Katholiken?

Sch. Daß das Brod und der Wein in den Leib
und das Blut Chriſti verwandelt werde.

Er. Was glauben die Reformirten?

Sch. Die Worte: das iſt heißen: es bedeutet.

Er. Was lehren wir?

Sch. Daß wir in, mit und unter dem Brod und
Wein des Leibes und Blutes Chriſti theilhaftig werden.

Er. Worauf berufen wir uns?

Sch. Auf Jeſu Worte: „Das iſt mein Leib, das
iſt mein Blut.“

Er. Was heißt aber das ist, heißt es nicht es bedeutet?

Sch. Nein, es heißt: es ist.

Er. Im gestrigen Evangelio war eine Gleichnißrede vom vielerley Acker, da heißt es: die auf dem Wege, das sind 2c, da heißt doch „das ist": das bedeutet?

Sch. Aber hier kann es nicht so verstanden werden, weil es Worte eines Sterbenden sind, welche eigentlich genommen werden müßen.

Er. Welcher Apostel Jesu hat vom Abendmahl geschrieben?

Sch. Paulus.

Er. Wo, in welchem Kapitel?

Sch. 1. Cor. 10, 14. Der gesegnete Kelch, welchen 2c.

Er. Was heißt der gesegnete Kelch?

Sch. Der feyerlich geweyhte Kelch.

Er. Was heißt seegnen eigentlich?

Sch. Eine Sache vom gemeinen Gebrauch absondern.

Er. Wodurch?

Sch. Durch Gebet und Dank.

Er. Der gesegnete Kelch heißt soviel als der Dankbecher. Was behauptet der Apostel davon?

Sch. Er ist die Gemeinschaft des Blutes Christi.

Er. Was heißt Gemeinschaft?

Sch. Verbindung, Theilnahme.

Er. Mittel derselben. Der Apostel scheint aber wohl daran zu zweifeln, weil er fragt: Der gesegnete Kelch, ist er nicht 2c.?

Sch. Nein, er stellt es als Wahrheit dar.

Er. Z. E. wenn ich sage: ist heute nicht regnicht Wetter? zweifle ich nicht daran?

Sch. Nein, sondern ich behaupte es.

Ex. Was steht im XI. Cap. des 1. Br. a. die Corinther?

Sch. Wer unwürdig ißet und trinket, der ißet und trinket ihm selber das Gericht.

Ex. Was heißt: der trinket ihm selber das Gericht?

Sch. Er wird nicht die wohlthätigen Wirkungen spüren, sondern sich selbst strafbar machen.

Ex. Warum?

Sch. Weil er es nicht als eine so wichtige Sache ansieht, weil er keinen Unterschied zwischen diesem und dem Genuße einer gemeinen Speise macht.

Ex. Konnte der Apostel das sagen, wenn wir nicht durch den Genuß des Abendmahls in eine Gemeinschaft mit Jesu träten?

Sch. Nein.

Ex. Was heißt: „er ist schuldig am Leibe und Blute des Herrn?"

Sch. Er versündigt sich am Leibe und Blute des Herrn.

Ex. Oder?

Sch. Er ist so gut anzusehen, als hätte er an der Hinrichtung Jesu Antheil.

Ex. Ist das nicht aber eine schreckliche Behauptung?

Sch. Nein, denn man giebt dadurch Verachtung gegen Jesum zu erkennen.

Ex. Ließe es sich aber so sagen, wenn es eine bloße Ceremonie wäre?

Sch. Nein.

Ex. Was ist die Absicht der Stiftung des Abendmahls?

Sch. Daß wir uns an Jesu Tod erinnern sollen.

Ex. Wer sagt das selbst, daß das die Absicht seyn soll?

Sch. Jesus.

Ex. In welchen Worten?

Sch. Solches thut zu meinem Gedächtniß.

Ex. Wie erklärt das Paulus: Wie steht 1. Cor. 11?

Sch. So oft ihr von diesem Brod eßet 2c.

Ex. Was hat der Gebrauch des Abendmahls für Nutzen?

Sch. Stärkung des Glaubens; wir können dabey gute Vorsätze faßen.

Ex. Welches sind die drey Haupt-Eigenschaften eines wahren Christen: Wie heißt es in der künftigen Sonntags-Epistel: Welches sind die drey christlichen Haupt-Tugenden?

Sch. Glaube, Liebe, Hoffnung.

Ex. Hat auf alle drey das Abendmahl Einfluß?

Sch. Ja, es stärkt den Glauben, die Liebe und die Hoffnung.

Ex. Unsere Liebe gegen wen?

Sch. Gegen Gott und Jesus.

Ex. Gegen wen noch?

Sch. Gegen unsere Mitchristen.

Ex. Worauf hat es also Einfluß?

Sch. Auf unsere ganze Frömmigkeit.

Ex. Worin besteht diese?

Sch. Im thätigen Christenthum.

Ex. Ich sehe aber, daß die Zeit bald verfloßen ist; ich will also nur noch einige Fragen thun, wie sie mir eben einfallen von den sogenannten letzten Dingen. Was meynt man gewöhnlich unter den letzten Dingen?

Sch. Tod, Auferstehung, Weltgericht.

Ex. Es fehlt noch was. Wie ist die Seele?

Sch. Unsterblichkeit.

Er. Ist die Lehre von der Auferstehung eine schriftmäßige Lehre oder erkünstelt?

Sch. Es ist eine schriftmäßige Lehre.

Er. Wer hat sie gelehrt?

Sch. Jesus selbst.

Er. Wie heißt die Stelle?

Sch. Es kömmt die Stunde, in welcher Alle, die in den Gräbern sind 2c.

Er. Christus spricht aber vielleicht von einer geistigen Auferstehung?

Sch. Nein, von einer leiblichen.

Er. Heißt das Wort Auferstehung nicht zuweilen eine geistige Auferstehung?

Sch. Ja zuweilen; aber hier nicht.

Er. Warum? wovon redet er hier?

Sch. Vom Weltgericht.

Er. Also kann er hier nicht eine geistige Auferstehung meynen. Hat er nicht die Kraft bey seinem Leben Todte zu erwecken bewiesen?

Sch. Ja, am Lazarus.

Er. An wem noch mehr?

Sch. An der verstorbenen Tochter —

Er. Weßen Tochter war es?

Sch. Eines Hauptmanns.

Er. Ne, ne, Jairus hieß er. Und an wem noch mehr?

Sch. An sich selbst.

Er. Es heißt aber Gott habe ihn auferwecket?

Sch. Nein, er hat sich selbst auferwecket.

Er. Woher beweisen wir dieß?

Sch. Er sagt: Ich habe Macht, mein Leben zu laßen 2c. Brechet diesen Tempel und 2c.

Er. Hat er es auch gehalten, was er hier versprach?

Sch. Ja.

Er. Streitet diese Stelle nicht mit den Stellen, wo es heißt Gott habe ihn erwecket?

Sch. Nein, denn er war auch Gott.

Er. Wie wird die künftige Belebung der Körper beschaffen seyn?

Sch. Wir werden einen verklärten Leib bekommen.

Er. Was heißt verklärter Leib?

Sch. Wie er sich für das beßere Leben schickt oder: zu einem beßern Leben bestimmt ist.

Er. Was heißt unsern nichtigen Leib verklären?

Sch. Für das künftige Leben geschickt machen. Andere: Von den gegenwärtigen Schwachheiten und Mängeln befreyen.

Er. Und was noch mehr?

Sch. Mit großen Vollkommenheiten ausrüsten.

Er. Welches sind die gegenwärtigen Mängel?

Sch. Sterblichkeit.

Er. Unser künftiger Leib wird u. a. unsterblich seyn. Die übrigen Eigenschaften können wir nicht bezweifeln. Wir sollen uns hier dem Ausspruch des Allwißenden unterwerfen und denken — Wie sollen wir denken?

Sch. —

Er. Bey —

Sch. Bey Gott ist kein Ding unmöglich.

Er. Wird im künftigen Leben auch eine Vergeltung seyn?

Sch. Ja.

Er. Wird die Seeligkeit Aller gleich seyn?

Sch. Nein, sie wird nach Graden verschieden seyn.

Er. Wonach wird sie ertheilt werden?

Sch. Nach Verdienst oder nach Würdigkeit.

Er. Wie heißt es davon in der Bibel?

Sch. Gott wird einem Jeglichen vergelten nach seinen Werken.

Er. Verdienen wir mit unsern Werken die Seeligkeit?

Sch. Nein, wir können durch unsere Tugend= übung die Seeligkeit nicht verdienen, weil sie unsere Schuldigkeit ist, weil uns Gott dazu Kräfte giebt und weil unsere Tugend immer mangelhaft bleibt.

Er. Wofür haben wir also die Seeligkeit an= zusehen?

Sch. Für ein Geschenk der Gnade Gottes, für eine Gnadenbelohnung Gottes.

Er. In Christo Jesu. Werden die Belohnungen gleich seyn?

Sch. Nein, sie werden nach Graden verschieden seyn.

Er. Wird nicht ausdrücklich gesagt, daß be= währter Tugendeifer belohnt werden soll?

Sch. Ja.

Er. Eine Stelle? — Es ist das Gleichniß —

Sch. Von anvertrauten Talenten.

Er. Wie heißt es da?

Sch. Ey, du frommer und getreuer Knecht 2c.

Er. Werden die Strafen der Verdammten gleich seyn?

Sch. Nein, sie werden auch verschieden seyn.

Er. Wo steht das? Röm. 2 „Die ohne —

Sch. Die ohne Gesetz gesündigt haben 2c. — Andre: Wem viel gegeben ist 2c.

Er. Lehrt nicht Jesus selbst, gewißen Menschen werde es erträglicher ergehen, als Andern?

Sch. Denen zu Sodom und Gomorra.

Er. Ja, es wird ihnen erträglicher ergehen, als den hartnäckigen Juden.

Ich sehe mich genöthigt abzubrechen, theils weil die Zeit verfloßen ist, theils um meine Gesundheit zu schonen. Ich wünsche, daß Gott euern Fleiß auch fernerhin seegnen möge. Wachset nach dem Beyspiel Jesu nicht nur an Alter, sondern auch an Weisheit und Gnade bey Gott. Besonders empfehle ich euch die Beherzigung des Ausspruchs: Die Gottseeligkeit ist zu allen Dingen nütze und hat die Verheißung dieses und des zukünftigen Lebens.

Buchdruckerei Julius Klinkhardt, Leipzig.

CPSIA information can be obtained
at www.ICGtesting.com
Printed in the USA
BVHW041130290119
538945BV00010B/184/P